Davi Gonçalves

Prefácio por Teófilo Hayashi

UMA QUESTÃO DE VIDA OU MORTE
Descobrindo minha verdadeira identidade

Davi Gonçalves

Prefácio por Teófilo Hayashi

UMA QUESTÃO DE VIDA OU MORTE
Descobrindo minha verdadeira identidade

quatro ventos

Todos os direitos deste livro são reservados pela Editora Quatro Ventos.

Editora Quatro Ventos
Rua Liberato Carvalho Leite, 86
(11) 3746-8984
(11) 3746-9700

Proibida a reprodução por quaisquer meios, salvo em breves citações, com indicação da fonte.

Todas as citações bíblicas foram extraídas da Almeida Revista e Atualizada, salvo indicação em contrário.

Editor Responsável: Renan Menezes
Equipe Editorial:
Tayná Negrelli
Eliane Viza B. Barreto
Diagramação: David Chaves
Capa: Big Wave Media

Bíblia Sagrada. Traduzida em português por João Ferreira de Almeida, na versão Revista e Atualizada. Citações extraídas do site: http://biblia.com.br/joaoferreiraalmeidarevistaatualizada. Acesso de 10 a 30 de setembro.

1º Edição: Outubro 2018

SUMÁRIO

CAPÍTULO 1: **FORA DE CONTEXTO** 19

CAPÍTULO 2: **O CRESCIMENTO DE JESUS** 45

CAPÍTULO 3: **QUEM EU NÃO SOU** 63

CAPÍTULO 4: **FELIZ COM A PORÇÃO QUE DEUS TEM PARA MIM** 79

CAPÍTULO 5: **REVELAÇÃO PARA VENCER AS NOSSAS FRAQUEZAS** 101

CAPÍTULO 6: **SAINDO DE CENA** 125

CAPÍTULO 7: **GERADOS NO LUGAR SECRETO** 139

CAPÍTULO 8: **INTEIROS DE CORAÇÃO** 153

CAPÍTULO 9: **QUEM SOU EU?** 171

ENDOSSOS

Este livro vai levar você a entender, com profundidade e clareza, muitos aspectos do que verdadeiramente significa ser um Filho maduro de Deus. O Pastor Davi Gonçalves escreve sobre os muitos aspectos da nossa jornada em Deus com profundidade, mas, ao mesmo tempo, com simplicidade. Este material é uma grande bênção para o corpo de Cristo nos dias de hoje.

Élcio e Jaqueline Lodos
Diretores do ministério de fala portuguesa do IHOPKC

Davi é um desbravador. O Japão é um dos países mais difíceis de se levar a mensagem de Jesus. Ainda, assim, foi lá que conheci o Davi. Davi, como neto de japoneses, imigrou para a Ásia aos 9 anos de idade. Hoje, aos 37, já tem histórias para contar e muitas coisas a nos ensinar. Este livro é a manifestação de suas experiências. Recomendo-o a todos que desejam participar do Reino de Deus nesta Terra.

Tiago Brunet
Pastor e Escritor

Uma nova geração foi levantada por Deus, está colhendo o que outros plantaram e está desfrutando da graça como poucos que viveram anteriormente na mesma casa. É tempo, então, de o filho mais velho entender o seu papel de conduzir os mais novos à maturidade. Davi Gonçalves nos presenteia com suas experiências através deste precioso tesouro. Amadureça e desfrute!

Rodolfo Abrantes
Líder de Adoração, Compositor e Missionário

Nesta obra, meu amigo Davi Gonçalves apresenta ensinamentos bíblicos claros sobre a identidade e os caminhos práticos para nossa reflexão pessoal. Nossa identidade só entra no eixo quando compreendemos que somos filhos amados do Pai Celeste, com a nossa imagem conformada a de Jesus Cristo, o Filho de Deus. Neste texto, o leitor encontrará novos horizontes para sua vida. Davi Gonçalves conhece a Jesus Cristo e tem sido uma testemunha fiel do Evangelho na conexão Brasil–Japão, Ocidente–Oriente, Tradição-lnovação. Esta obra é mais um fruto de seu ministério marcado por humildade e poder, coragem e amor.

Davi Lago
Pastor e Escritor

Endossar este livro não foi difícil. Ele é como concreto pesado sobre o fundamento que é Cristo. Davi Gonçalves faz uma valsa corajosa com as palavras tratando de um assunto tão relevante da igreja: A maturidade dos filhos de Deus. Infelizmente a religião institucionalizada cria seguidores infantilizados, mas o Reino consegue produzir filhos maduros com uma espiritualidade verdadeira. Amadurecer é uma jornada e tenho certeza que este livro pode te ajudar a iniciar a sua. Tenha uma leitura edificante!

Ap. Luiz Hermínio
Ap. Luiz Hermínio – Presidente das Missões Evangélicas Vinde Amados Meus (MEVAM)

Davi é um querido amigo e um homem que tem doado a sua vida para o Evangelho. Trabalhando com a unidade do corpo de Cristo no Japão e visando o avivamento, ele é um dos poucos homens que conheço que conseguem transitar entre as principais denominações japonesas e mobilizá-las para um ajuntamento. Quero encorajar você a dedicar um tempo para ler este livro, pois tenho certeza que sua identidade e sua visão de mundo serão tocadas!

Gustavo Paiva
Pastor e Fundador do Ministério Nova Geração

AGRADECIMENTOS

Antes de qualquer coisa quero agradecer a Deus Pai, que me amou primeiro e me trouxe a vida para uma jornada incrível de amor, que durará por toda a eternidade. Você me dá destino, propósito e me capacita a cada dia. Papai, você é simplesmente maravilhoso e eu O amo de todo o meu coração!

Minha gratidão à Jesus, meu Noivo e Amor maior. Sem você, Jesus, eu nunca entenderia o coração e as obras do Pai. Você deu sentido para todas as coisas. Antes de você, eu andava vagueando e perdido, mas você me encontrou e me deu vida em abundância. Obrigado por tudo! Anseio pelo dia da Sua volta.

Espírito Santo, meu conselheiro, amigo, meu tudo! Você me dá entendimento e clareza sobre quem é o Senhor. Sem você, eu estaria vivendo uma vida monótona de religiosidade. A Sua presença viva habitando em mim, faz com que cada dia seja incrível e radiante. Você me compreende e me conduz ao arrependimento, como também a uma busca genuína por santidade. Te amo, meu amigo querido.

Meus sinceros agradecimentos aos meus pais que sempre estão ao meu lado me apoiando e me suportando nas minhas fraquezas;

Aos meus filhos queridos que me inspiram a cada dia ser melhor.

Sou grato ao pastor Mizuno, meu pai espiritual que me discipula com tanto carinho e amor.

Aos meus mentores espirituais e amigos que admiro tanto, apóstolos Marsole e Geralda.

Aos inúmeros amigos pastores, espalhados pelas nações, homens fiéis e tementes a Deus com quem aprendo constantemente. Minha gratidão à congregação que pastoreio, fiéis companheiros de caminhada, mais que discípulos, vocês são a minha alegria! Exemplo de fidelidade e de perseverança na caminhada cristã. Amo cada um de vocês de coração!

Ao Téo Hayashi, meu amigo, homem de caráter e simplicidade que tem me impactado nesses últimos anos e a toda equipe do *Dunamis Movement, Big Wave* e Igreja Monte Sião. Espaço insuficiente para agradecer nominalmente a essas pessoas sobrenaturais. Meu agradecimento ao Renan Menezes, da Editora Quatro Ventos, que me deu todo o suporte para que esse material chegasse às suas mãos.

Minha gratidão aos apóstolos Paulo e Vera, pastores Paulo Henrique e Bruna, Wilian e Inara Cardoso, Wilson Santos, Marcelo e Elaine Akama, José e Cláudia Galindo, Jorge e Márcia Santos, Davi Lago, Murilo e Carol Tartoni, Élcio e Jaqueline Lodos, Juliano e Daniele Son e Tiago Brunet, vocês moram em meu coração, obrigado pela amizade de vocês!

Apóstolo Luis Hermínio, Gladson Vieira, Nilson Junior e Reul Silva, vocês marcaram o meu coração. Obrigado por dispensarem tempo em um momento tão difícil da minha vida para estarem comigo no Japão. Tenham certeza de que o testemunho de vida de vocês me alinhou novamente ao propósito de Deus.

E por fim, Rodolfo Abrantes e Alexandra Abrantes, amigos que eu amo muito! Vocês ficaram por último propositalmente. A Bíblia diz que os últimos serão os primeiros, não é mesmo? Sintam-se privilegiados. Vocês são muito loucos. A paixão por Jesus que vocês carregam é inspiradora, continuem assim!

Por fim, minha sincera gratidão a todos que passaram pelo meu caminho e a todos que um dia oraram por mim e me deram um conselho.

PREFÁCIO

Davi Gonçalves é um pastor, missionário e líder que Deus levantou no Japão e que tem sido uma voz poderosa e muito relevante, principalmente nos países do oriente. Chegou ao Japão ainda menino e, desde então, passou por muitos desafios que o forjaram e o fizeram entender, em meio a uma enorme diferença cultural, o poder e a importância da identidade em Cristo, da paternidade de Deus e Seu coração pelas nações.

Ele é um homem que ama a Jesus profundamente, e tem se dedicado nos últimos anos a liderar, juntamente com outros, um movimento de Casas de Oração que tem tomado grande proporção no oriente. Seu coração queima por um avivamento e o despertar de Deus nas nações asiáticas. Eu fico imensamente feliz de ver para onde Deus o tem levado e a maneira como ele tem sido instrumento para alcançar pessoas. Davi é um grande amigo há anos, e me sinto extremamente animado por saber que suas experiências com Deus e o que ele tem aprendido no secreto resultaram nesta obra incrível.

Nestas páginas, ele discorre a respeito da importância de nós, cristãos, nos engajarmos no processo de busca por nossa identidade em Cristo. Quando não entendemos quem somos, passamos a nos comparar com outras pessoas, perdemos o foco, o propósito, e até mesmo tempo e energia com coisas desnecessárias e que nos afastam do propósito que Deus traçou para nós. Porém, a partir do momento em que temos convicção da nossa identidade de realeza, de filhos e filhas de Deus, nos tornamos perigosos para o inferno. Esse entendimento e revelação, por outro lado, só tem espaço para acontecer quando estamos submersos na presença de Deus. Essa busca, na realidade, deve ser a primeira e também a última.

Só assim, seguros em nossa identidade e alinhados com a Presença, é que estaremos prontos para cumprir o que Ele nos comissionou a fazer.

Eu recomendo muito a leitura e meditação das verdades e princípios expressos neste livro.

Teófilo Hayashi
Líder Fundador do *Dunamis Movement*

INTRODUÇÃO

> E, porque vós sois filhos, enviou Deus ao nosso coração o Espírito de seu Filho, que clama: Aba, Pai! De sorte que já não és escravo, porém filho; e, sendo filho, também herdeiro por Deus. (Gálatas 4.6)

Nestes últimos anos, um desejo profundo foi despertado em meu coração: o de conhecer mais a Deus como o meu pai e desfrutar de sua doce presença.

Antes de qualquer coisa, eu quero ressaltar que você é filho de Deus. Ele é o seu pai e nada nem ninguém podem desfazer esse laço, se você já teve um encontro com Jesus. Ele veio para restituir tudo o que Adão perdeu por causa do pecado que cometeu no Jardim do Éden. O nosso maior chamado não consiste em fazermos, mas, antes, em sermos. Somos filhos de um Deus amoroso que cuida de nós. Essa verdade precisa ecoar pelas nações da Terra! Nenhuma outra verdade é suficiente e capaz de fazer o ser humano se tornar pleno e viver de forma abundante.

Esta é a verdade mais libertadora e poderosa que um homem pode receber, pois a revelação da nossa paternidade em Deus leva-nos à nossa origem. Quando entendemos que a nossa origem não é no ventre de nossas mães, mas, sim em Deus, podemos receber cura sobre todas as nossas feridas e tomarmos posse de tudo que o nosso Pai celestial preparou para cada um de nós, Seus filhos.

Está chegando o momento em que os filhos maduros de Deus se levantarão em toda a Terra, manifestando Seu amor e poder em todas as esferas da sociedade. Então o Reino Celestial será estabelecido e o Rei da Glória descerá para governar a Terra, como profetizado por toda a Palavra de Deus.

Você não pode mais viver preso em valores deturpados e feridas do passado. O chamado que Deus, o nosso Pai, tem para você é maior do que qualquer dor que você possa carregar. Ele o gerou com um propósito eterno. Por isso eu quero encorajá-lo a ler este livro e aplicar os princípios que trago aqui para ajudá-lo a construir a sua identidade como um filho maduro de Deus.

A Palavra diz que somente quando os filhos de Deus se manifestarem é que refletirão a glória do Pai para tirar o mundo da morte, trazendo a vida de Deus sobre todas as coisas.

> Porque para mim tenho por certo que os sofrimentos do tempo presente não podem ser comparados com a glória a ser revelada em nós. A ardente expectativa da criação aguarda a revelação dos filhos de Deus. Pois a criação está sujeita à vaidade, não voluntariamente, mas por causa daquele que a sujeitou, na esperança de que a própria criação será redimida do cativeiro da corrupção, para a liberdade da glória dos filhos de Deus. (Romanos 8.18-21)

FORA DE CONTEXTO
CAPÍTULO 1

"Dificuldades preparam pessoas comuns para destinos extraordinários"
(C. S. Lewis)

Meu nome é Davi, neste ano de 2018 completei 37 anos, sou brasileiro, nascido no estado do Paraná, neto de japonês. Quando tinha 9 anos de idade, vim com meus pais ao Japão, onde moro desde aquela época. Assim que cheguei ao *"Nihon"*, "a terra do sol nascente", chamada dessa forma devido à sua localização, à leste da China, não tinha muitos amigos, apenas alguns primos de 2º grau, que me ajudaram muito na fase de adaptação escolar. Como não falava japonês, então tive muitas dificuldades na escola. Naquela época, não era comum ter tradutores, por isso me esforcei ao máximo para aprender falar o idioma. A adaptação nessa nova fase da minha vida foi muito desafiadora. Eu vim de um país latino para um país oriental extremamente conservador, e com costumes totalmente opostos. No Brasil, eu sempre estive cercado de pessoas, porém aqui, além de não conhecer muita gente, meus pais tinham de trabalhar muito, e só voltavam à noite para casa, por isso o tempo em família era restrito aos domingos.

Minha rotina mudara totalmente. Eu e meu irmão mais novo, depois de retornarmos da escola, ficávamos sozinhos todos os dias até meus pais voltarem do trabalho. No Brasil, eu estava acostumado com a casa sempre cheia, quintal grande e muitas programações, quando meus familiares se reuniam para comer juntos. Já no Japão, nada disso acontecia. A minha nova rotina era muito cansativa e chata. Eu tive de aceitar e aprender a lidar com esse novo estilo de vida. Na escola, os meninos me faziam muitas perguntas que me deixava nervoso, pois, como não falava japonês, não conseguia me expressar. Por isso, só me restava ficar quieto. Ao me olharem, perguntavam se no Brasil chovia, se existia TV, carro, bicicleta, eles associavam o Brasil apenas ao Amazonas.

Eu me sentia fora de contexto com toda esta situação. Porém, tudo isso fez com que eu me dedicasse mais para aprender o dialeto e me superar diante dos grandes empecilhos que surgiram.

Infelizmente, essa é a realidade da maioria dos filhos de estrangeiros que vêm para o Japão ainda hoje. Devido à extensa carga horária de trabalho dos pais, as crianças acabam passando muito tempo sem o convívio da família, e isso, muitas vezes, gera uma rebeldia no coração delas à medida que vão crescendo. Temos tratado há anos com esse tipo de problema, que cresce assustadoramente. Quero destacar um caso que acompanhei de um adolescente que frequentou a nossa congregação. Ele tinha um complexo muito grande de inferioridade devido à ausência do pai na sua criação. Seus pais se divorciaram ainda quando ele era bem pequeno. Por causa da separação, seu pai saiu de casa e abandonou a família. Sua mãe precisou trabalhar arduamente para sustentar a casa, por isso não conseguia dar a atenção que o filho precisava. Devido aos traumas que sofreu, ele não conseguia fazer amigos na escola, com isso ele foi se isolando, e, com o tempo, acabou deixando de estudar. A mãe, nesse meio tempo, conheceu um americano, com quem se casou, e, depois de um tempo, decidiu morar nos Estados Unidos.

A esperança dessa mãe era que seu filho vivesse uma vida normal, como de todo jovem saudável. Ele fez amigos ao se mudar para os Estados Unidos e logo recobrou a alegria de viver! Porém, ele não esperava a lamentável notícia de que sua mãe estava se divorciando de novo; os pesadelos mais uma vez estavam vindo sobre ele.

Depois de algum tempo, ele e sua mãe, sem condições de se manterem nos Estados Unidos, decidiram regressar ao Japão e recomeçar a vida. Foi nessa ocasião que eu tive a honra de conhecê-los, e de ministrar na vida deles. Os traumas estavam tão enraizados que foi preciso gastar um bom tempo com essa família para ajudá-los a se reinventarem e desfrutarem da vida de maneira saudável e alegre.

O que eu quero mostrar com estas duas histórias é que eu e você estamos sujeitos a enfrentarmos situações tão desafiadoras na vida que, muitas vezes, nos sentiremos como peixe fora d'água. São situações que poderão nos aprisionar, ou nos fazer perder o chão e o espaço. No entanto, não podemos permanecer presos pelos nossos traumas e angústias. A prisão nos rouba a perspectiva do presente e a esperança do futuro. Será que você não se encontra numa situação parecida?

Quando permanecemos presos pelos traumas do passado, não conseguimos viver o presente e projetar o futuro. Será que você não se encontra numa situação parecida?

Quando somos submetidos a novas experiências, geralmente temos dificuldade de assimilar as contribuições que elas nos trazem, dessa maneira acabamos consumindo tempo demasiado para alinhar as nossas emoções com a nova realidade que surge. Mas quando entendemos que Deus está no controle de todas as coisas, ainda que aparentemente não vejamos benefício nenhum, o tempo que parecia perdido se torna nosso aliado para crescermos e nos tornarmos a manifestação da glória de Deus onde fomos colocados por Ele.

Nesse contexto, eu aprendi as lições mais preciosas e que contribuíram para que eu me tornasse um missionário no Japão anos depois.

Minha família não era cristã. Eu não tinha conhecimento do evangelho de Cristo, por isso não podia entender o plano de Deus na minha vida ao me trazer para o Japão. O meu conhecimento sobre Deus era muito raso. Mesmo no Brasil, eu nunca tinha recebido uma explicação do Evangelho, afinal, havia saído de lá muito novo.

Vivendo aqui, aos poucos, comecei a ter contato com Deus, até que abri meu coração para conhecê-Lo. Hoje, quando olho para trás, vendo tudo o que eu passei, posso ver com clareza como a Sua mão esteve sobre mim, me protegendo e me guiando em cada situação que eu enfrentei. Por isso, não pense que tudo que você passou foi em vão. Deus tem um propósito na sua vida para esse tempo. A sua dor tem um valor tremendo para Ele, ainda que você se sinta fora de contexto e perdido no tempo.

"*Khrónos*" e "*Kairós*" são termos gregos para designar o tempo. "*Khrónos*" faz referência ao tempo marcado pelo relógio, ou seja, o tempo contado em segundos, minutos, horas e séculos. O passado, o presente e o futuro. No *Khrónos* sentimos as dores, traumas, frustrações, cansaço e outras coisas resultantes da vida terrena. Já *Kairós* é o tempo de Deus, onde Ele está permanente. "*Kairós*" traz a ideia de tempo como substância, é o tempo estratégico e oportuno na vida dos homens espirituais. Porém, é fato que a maioria das pessoas vive toda a sua vida dentro do tempo "*Khrónos*", por isso o relógio e as circunstâncias ditam o ritmo de sua vida, limitando-as dentro das paredes da agenda e de condições baseadas na força do próprio braço.

Quando nos submetemos ao tempo *Khrónos*, ficamos limitados às circunstâncias, deixando de viver o melhor de Deus para as nossas vidas. Como humanos, precisamos tomar cerca de 300 decisões diárias, algumas dessas decisões podem mudar o curso geral da nossa vida. Por isso, entender que o tempo de Deus – *Kairós* – é diferente do nosso tempo é fundamental.

Deus vê o passado, o presente e o futuro de uma só vez, por isso gastar tempo para ouvir o que Ele pensa de cada situação que surge no percurso se torna imprescindível. Orar por uma direção é confiar n'Aquele que já viu o desfecho da situação. Ou seja, quando você vence a ansiedade de tomar decisões baseadas no momento *Khrónos* e se submete à vontade do Senhor que conhece todas as coisas e habita no *Kairós*, a sua vida começa a se alinhar com o propósito que Deus tem para você.

O grande segredo para entendermos qual é a vontade e os propósitos que Deus tem para nós é recebermos o Espírito Santo nas nossas vidas. Quando O recebemos, entendemos essa revelação e acabamos fazendo os nossos planos alinhados com o *Kairós* de Deus. Com a ajuda d'Ele, começamos a entender que o tempo de Deus é diferente do nosso. Passamos a caminhar olhando para o tempo d'Ele, e não para o nosso tempo. Olhamos para os planos d'Ele, e não para os nossos planos.

Sem o Espírito Santo, somos prisioneiros do *Khrónos* e acabamos pensando somente na nossa carreira, contabilizando as coisas de acordo com o relógio; sofremos ao passarmos por situações que nos levariam à maturidade, etc. Sem Ele, quem vai nos dominar é a nossa carne. O nosso grande desafio é deixar o Espírito Santo tomar à frente das nossas vidas e, com a Sua ajuda, vamos conseguir desenvolver Seu fruto.

Uma das facetas do fruto do Espírito, registrada no livro de Gálatas, é o domínio próprio, pois quem não consegue dominar as suas próprias emoções não conseguirá dominar mais nada. Quem se submete ao *Kairós* e não toma decisões precipitadas no calor do momento *Khronos* cresce e alcança um lugar de honra.

Dessa forma, entendendo que quem está no controle é o Espírito Santo e que devemos caminhar no tempo correto de Deus, damos liberdade para Ele fazer de nós instrumentos para a propagação do Seu reino. Compreendemos que Deus não precisa de grandes pessoas, com grandes habilidades para fazer a obra, mas que Ele busca um coração disponível, e, dessa forma, Ele capacita a quem escolheu.

Deus sempre usou pessoas comuns. O Salmo 51.17 diz:

> O sacrifício aceitável a Deus é o espírito quebrantado; ao coração quebrantado e contrito não desprezarás, ó Deus.

O texto afirma que o que Deus valoriza é um coração disponível, sincero e submisso. É isso que move o coração de Deus, não a nossa capacidade intelectual.

Não precisamos fazer nada de extraordinário para contribuir para o avanço do Reino de Deus na nossa sociedade. Temos apenas de ser obedientes e fiéis ao Pai, que nos chamou para um propósito. A fidelidade ao propósito d'Ele para a nossa vida pode acrescentar realizações relevantes, e até mesmo causar maior impacto na vida de milhares de pessoas: basta estarmos disponíveis. 1 Coríntios 1.27-29 diz assim:

> ... Mas Deus escolheu as coisas loucas do mundo para envergonhar os sábios, e escolheu as coisas fracas do mundo para envergonhar as fortes. Ele escolheu as coisas insignificantes do mundo, as desprezadas e as que nada são, para reduzir a nada as que são, para que ninguém se vanglorie diante dele.

Os critérios que Deus tem para escolher pessoas são diferentes dos nossos. A Bíblia, a nossa referência, o livro que Deus nos deixou, foi escrita por um conjunto de autores, dos mais diversos possíveis, somando um total de quarenta pessoas, sendo que todos eles foram inspirados pelo Espírito Santo de Deus. O período em que os livros foram escritos foi um pouco maior que 1500 anos, os autores eram de diferentes culturas, posições sociais e viveram em tempos distintos. Isso nos revela que Deus usa quem Ele quer; pessoas com o coração ensinável e disponível para Ele são um verdadeiro tesouro em suas mãos. Amós era pastor, Samuel era profeta, Daniel era político, Davi era rei, Esdras era escriba, João era pescador, Josué era soldado, Lucas era médico, Mateus era cobrador de impostos, Neemias era copeiro do Rei, Paulo era fariseu... Por aí vai uma longa lista de pessoas tão diferentes, mas que possuíam algo em comum: foram escolhidas por Deus e capacitadas pelo Espírito Santo.

As suas diferenças não te fazem inferior, mas sim diferente das pessoas ao seu redor. Não se intimide com as suas limitações, aprenda a usá-las de tal forma que Deus seja glorificado através da sua vida. Grande parte dos homens e mulheres que fizeram história usaram as suas diferenças a seu favor.

Olhe para Davi, um dos maiores nomes do Antigo Testamento, de pastor de ovelhas a rei, aquele que todos olhavam e viam como um fraco, incapaz, pequeno demais para fazer parte das tropas. Ele derrotou o gigante que todos temiam e venceu a batalha contra os filisteus. Davi não ouviu o que falavam dele, ele simplesmente se posicionou com o entendimento que tinha acerca de Deus e, através de Seu poder, venceu o gigante.

Que sejamos como Davi e possamos, com as nossas diferenças, servir a Deus sem olhar para o tamanho de Golias, mas sim para o tamanho do poder do Espírito que em nós habita.

Era uma vez um patinho que se achava feio...

A primeira coisa que percebi ao conviver com os japoneses foi que nós éramos muito diferentes: na dieta alimentar, no modo de pensar, de se vestir, nos gostos, idioma, valores e tudo o mais que você possa imaginar. Foi um choque cultural muito grande para mim.

Você já deve ter assistido ao desenho do Patinho Feio, não é mesmo? Eu me sentia exatamente igual àquele cisne no meio de um monte de patos. Até aquele cisne descobrir quem ele era de verdade, sua vida foi muito dolorosa. Para se encontrar, ele precisou passar por alguns conflitos internos e externos, a fim de entender que, na verdade, ele não era feio, mas sim pertencia a outra espécie de aves.

Quantos de nós, talvez, não estamos passando por conflitos semelhantes em nossas vidas?

A sociedade olha para o nosso exterior e nos julga com base no que vê, no que possuímos, no que vestimos, no que comemos. As pessoas são sempre classificadas pelo que parecem ser ou pelos seus gostos, quando na verdade, o que realmente importa é o que Deus nos ensina: olhar o coração. Deus olha para o nosso interior, para as intenções do nosso coração, Ele não nos rotula, não nos distingue em grupos. Para Ele, nós somos únicos, cada um com suas particularidades, Ele nos ama nas nossas diferenças.

Um dia, ouvi algo como: "quanto mais nos conhecemos, mais aprendemos a respeitar as nossas diferenças". Entendo que assim é quando desenvolvemos um relacionamento mais íntimo com Deus, quanto mais O conhecemos, mais aprendemos a respeito d'Ele e de nós mesmos e, assim, podemos nos aceitar da forma como Ele nos fez.

As diferenças são importantes para o nosso crescimento, mas a verdade é que muitas pessoas não conseguem ver os benefícios que elas proporcionam e acabam se sentindo frustradas com o mundo e consigo mesmas.

Além disso, muitos vivem como vítimas dos traumas que sofreram no passado; e arredios, não conseguem confiar nos outros, sendo assim prisioneiras das suas próprias emoções. Eles não sabem que Jesus veio ao mundo para curar todas as nossas feridas, dores e levar a nossa culpa sobre si.

> Era desprezado e o mais rejeitado entre os homens; homem de dores e que sabe o que é padecer; e, como um de quem os homens escondem o rosto, era desprezado, e dele não fizemos caso. Certamente, ele tomou sobre si as nossas enfermidades e as nossas dores levou sobre si; e nós o reputávamos por aflito, ferido de Deus e oprimido. Mas ele foi traspassado pelas nossas transgressões e moído pelas nossas iniquidades; o castigo que nos traz a paz estava sobre ele, e pelas suas pisaduras fomos sarados. (Isaías 53.3-5)

O conhecimento dessa verdade é fundamental para todos aqueles que desejam viver uma vida relevante na Terra. A prosperidade que Deus tem para os seus filhos é muito maior do que aquilo que temos desfrutado, mas para que possamos tomar posse de toda a herança que Deus tem para nós, precisamos conhecer a Ele e a nós mesmos.

Muitos conhecem ao Senhor, mas possuem pouco ou nenhum conhecimento sobre si mesmos. Quanto maior o nosso conhecimento de Deus, maior se torna o nosso conhecimento sobre nós mesmos (Salmos 8.5). Saber que, em Cristo, nós somos livres dos medos, pecados e culpas é essencial para a construção da nossa verdadeira identidade como filhos maduros de Deus. O Criador dos Céus e da Terra possui um imenso desejo de compartilhar as suas insondáveis riquezas conosco. Ele nos ama.

O amor d'Ele por nós é como um fogo consumidor. É o amor que criou o mundo com o mesmo cuidado persistente de um artista pela sua obra; providente como o amor de um pai por seu filho; ciumento, inexorável e exigente como o amor entre duas pessoas apaixonadas. A razão pela qual qualquer um de nós tem um valor assim, tão prodigioso aos olhos do Criador, excede a nossa capacidade racional.

> ... Disse ainda Abraão: Não se ire o Senhor, se lhe falo somente mais esta vez: Se, porventura, houver ali dez? Respondeu o SENHOR: Não a destruirei por amor dos dez. (Gênesis 18.32)

Aprendendo com Deus

Será que temos a revelação e o entendimento do amor que Deus tem por nós?

> E nós conhecemos e cremos no amor que Deus tem por nós. Deus é amor, e aquele que permanece no amor permanece em Deus, e Deus, n'Ele. (1 João 4.16)

O amor é o melhor caminho. Tudo que Deus criou está baseado nele, pois Ele é amor. Ele só se move por amor, não existe nada do que Ele faça que não seja motivado por amor. Qualquer coisa da Bíblia, seja positiva ou negativa, seja sobre nascimento ou sepultamento, vida ou morte, tanto a Lei como os profetas, Antigo e Novo Testamentos, Céu e Inferno, aprovação e desaprovação, graça, expiação de pecados, purificação, misericórdia, justificação. Todas as coisas que Deus fez e, ainda faz, é sustentado pelo perfeito amor.

Entender a vontade de Deus para a sua vida é, antes de tudo, aceitar o amor de Deus por você. É agir como uma pessoa amada por Deus, e não como uma pessoa carente que não reconhece esse grande amor. Você foi escolhido para ser alvo desse amor, e Deus não vai mudar de ideia. Por isso, aceite o convite d'Ele e se entregue de coração para esse romance. Uma coisa eu posso lhe afirmar: você só tem a ganhar, pois com Deus nunca perdemos, sempre saímos em vantagem. Isso é sensacional, e não há explicação para um relacionamento onde um dos lados é extravagantemente superior em doar; assim é o amor d'Ele por mim e por você.

Não há como dar errado. Basta se entregar e você verá que não há nada melhor ou semelhante à experiência de provar o amor de Deus.

Não continue se sentindo fora de contexto, Deus tem uma obra única e especial para realizar na sua vida e através da sua vida. Você não é fruto do acaso, sua diferença, sua maneira única de ser não é algo acidental. Deus está trabalhando em você para que possa crescer e se tornar tudo que Ele já planejou.

O primeiro mandamento da Bíblia nos ensina sobre a prioridade máxima de Deus, amá-lO acima de tudo. No livro de Marcos, podemos ver com mais precisão os termos desse amor.

> Amarás, pois, o Senhor, teu Deus, de todo o teu coração, de toda a tua alma, de todo o teu entendimento e de toda a tua força.
> (Marcos 12.30)

Jesus quer de nós o amor que lhe permite assumir o controle das nossas vidas. Amar a Deus é o primeiro mandamento: é o que Deus quer primeiro, a prioridade. Quando o amamos dessa forma, esse amor transborda gerando amor próprio e ao próximo, o segundo mandamento mais importante.

O que mais nos afasta de viver o verdadeiro e pleno amor de Deus é a maneira como pensamos e nos sentimos acerca de nós mesmos, o que entendemos como nossa identidade. Esse pensamento está grandemente influenciado pelas opiniões que mais valorizamos. Nosso sentido de identidade e valor pessoal se molda por meio do que nossos pais, amigos e companheiros pensam de nós. Quando na verdade, deveria ser moldado pelo que Deus pensa de nós. Por isso, o maior presente que recebemos de Deus é o Seu amor. Pois, quando compreendemos e seguimos esse amor, somos capazes de saber nossa verdadeira identidade e viver aquilo que Deus quer que vivamos.

Pela Palavra, aprendemos que o amor a Deus está profundamente alicerçado no espírito de obediência (João 14.21; João 14.15-23). Amar a Deus requer mais do que cantar para Ele ou ter sentimentos sobre um «deus que fazemos a partir do nosso entendimento". Somos chamados para amar a Deus nos Seus termos, e não nos nossos termos. A questão central no final dos tempos é saber se vamos definir o amor nos termos de Deus ou pela cultura humanista, que busca o amor sem referência à obediência da Palavra de Deus.

> ... embora sendo Filho, aprendeu a obediência pelas coisas que sofreu e, tendo sido aperfeiçoado, tornou-se o Autor da salvação eterna para todos os que lhe obedecem... (Hebreus 5.8,9)

Por que Jesus sofreu tanto por nossa causa? Ele o fez para nos livrar daquilo que nos separa do amor de Deus: o pecado. Qualquer coisa que é desagradável a Deus e contrária à Sua Lei é considerada como pecado na Bíblia. Este mal que se chama pecado se instaurou na natureza humana desde que Adão e Eva desobedeceram ao Criador no Jardim do Éden. Logo, todos nós já nascemos com a inclinação para o erro em nosso coração (Romanos 3.9-11).

O grande bloqueador do amor é o pecado. Por ser Santo e Imaculado, somente Deus pode remover este opositor de nós (Romanos 5.1; 6.23).

Só podemos dizer que amamos a Deus se obedecemos à Sua palavra (1 Samuel 15.22). Jesus provou o Seu amor para conosco vindo em carne, cumprindo a Lei, sendo crucificado e ressuscitando ao terceiro dia. O conjunto dessa obra fez com que Ele fosse aceito como Justo, para justificar a muitos que por Ele se achegam a Deus.

A exortação de Jesus para nós é: Vigie, vigie e vigie! Devemos desenvolver uma conexão com o Espírito, que só será possível através da vigilância. (Mateus 24.36, 42- 44, 50; 25.13). Somos exortados dez vezes a vigiar e orar com relação à preparação para o fim dos tempos (Mateus 24.42; 25.13; Marcos 13.9, 33, 34, 35, 37; Lucas 21.36; 1 Tessalonicenses 5.6; Apocalipse 16.15).

Vigiar é ter um coração atento ao que o Espírito está dizendo às nossas vidas, é ser um observador ungido. Crescemos em obediência quando vigiamos atentamente ao que o Espírito está enfatizando nas Escrituras e nas circunstâncias sociais e pessoais.

A perseverança em vigiar nos dá força para amar a Deus nos termos de Deus e às pessoas como a nós mesmos. Quando perseveramos em buscar a presença de Deus no lugar secreto, mesmo cansados, recebemos poder do alto para amar a Ele nos quatro níveis de amor, descritos em Marcos 12.30. É como colocar combustível no carro em vez de empurrá-lo. À medida que nos lançamos para uma vida de intimidade com Ele, adorando em um estilo de vida de jejum e oração perseverante, meditando nas escrituras, o nosso coração é fortalecido pelo poder de Deus e aquecido pelo Seu amor. Muitos perderão futuras oportunidades de serem usados por Deus por não vigiarem. O modo mais substancial de adquirirmos obediência e intimidade com Deus é nos alimentando da Palavra. Isto posiciona o nosso coração perante Deus para receber d'Ele livremente (Mateus 25.13).

Como cristãos, precisamos conhecer a Verdade, pois somente através da Verdade recebemos poder para viver a liberdade conquistada na cruz (João 8.32).

À medida que entendemos o que Jesus fez na cruz, compreendemos também o porquê da relevância do seu sacrifício. O próprio Deus é quem se revela ao espírito humano, a fim de despertar o amor em nós. Precisamos do Seu poder para amá-lO. Não há nada mais prazeroso do que amar a Deus pelo Seu próprio poder. O amor do Pai é sobrenaturalmente derramado em nossos corações pelo Espírito Santo (Romanos 5.5). O nosso desejo por Deus é um dom que vem d'Ele mesmo.

> Nisto consiste o amor: não em que nós tenhamos amado a Deus, mas em que ele nos amou e enviou o seu Filho como propiciação pelos nossos pecados. (1 João 4.10)

Não é difícil acreditar que Deus se deleita e nos ama no céu, ou mesmo sobre a terra, depois que estamos espiritualmente maduros. No entanto, Deus tem prazer em nós mesmo agora, em nossa imaturidade espiritual. Jesus descreveu o Pai e os anjos se regozijando com os pródigos arrependidos (Lucas 15.4-5, 8-10, 20). Nossos corações são despertados no amor pela certeza de que Deus nos ama profundamente e incondicionalmente.

Mesmo quando Jesus nos corrige, Ele nos corrige porque nos ama (Provérbios 3.12). Toda pessoa foi criada com o desejo de ser amada e apreciada por Deus, pela família e amigos. Acredito que a amarra mais predominante da mente está relacionada com o medo da rejeição e da vergonha. Deus nos desenhou para que desejemos fazer diferença na vida de outros e para que tivéssemos propósitos que fossem significativos para Ele. Esse anseio por relevância é satisfeito por meio de nossos pequenos atos de serviço, que faz um impacto eterno no coração de Deus e dos outros.

No entanto, Deus procura algo mais do que o serviço. O que Deus procura? O que Ele quer em primeiro lugar? Ele quer o nosso coração, o nosso amor voluntário.

O que você está procurando antes de qualquer outra coisa? Quando encontramos o que Deus está procurando, então vamos encontrar a resposta para o que também estamos procurando.

Deus não nos define pelas nossas realizações. Uma carreira bem-sucedida ou diplomas no exterior não nos definem. No ministério, por exemplo, devemos medir o nosso sucesso com o quanto amamos a Deus e estamos dispostos a obedecer a Sua

Palavra, não com o número de membros que há em nossas igrejas. Crescimento numérico é bom, mas não pode ser a prioridade.

Constantemente, indagamos a Deus a respeito das circunstâncias difíceis que passamos. Então dizemos: "Pai, o que o Senhor está fazendo na minha vida? Por que o Senhor está permitindo certas situações?".

As situações difíceis que enfrentamos, muitas vezes, são os clamores de Jesus para entrar em nossos corações. C. S. Lewis disse certa vez: "O sofrimento é o megafone de Deus para um mundo ensurdecido". Ele quer nos despertar para revelar e transmitir Seu amor por nós. Tudo o que Deus faz é por amor. O cristianismo puro e simples é a respeito de um encontro permanente de amor com o próprio Deus.

A menos que o nosso alicerce seja o amor, o nosso serviço, a nossa entrega por Jesus, ainda que radical, não serão suficientes para nos manter firmes até o fim. Amar a Deus precisa ser um estilo de vida. Quando cultivamos o nosso chamado primário, manifestamos a prioridade de nossas vidas. O que Deus mais quer e estima é que venhamos responder a este amor com a nossa vida como oferta a Ele. A maior graça que podemos receber é a unção de sentir o amor de Deus e de expressá-lo com todo o nosso ser. Amar Jesus como prioridade, acima de tantas outras que possuímos, nos garantirá a maior recompensa na era que está por vir. Você pode ser considerado uma das pessoas mais influentes da história, simplesmente por viver em profundo amor por Ele (Mateus 5.19).

Devemos mover o nosso coração para viver como amantes extravagantes de Deus sem ficar presos em amargura para com aqueles que nos maltratam, pois a ofensa é uma das maiores armadilhas que o Diabo usa para neutralizar o nosso crescimento. Quando tentamos cuidar da nossa reputação, perdemos a oportunidade de deixar nas mãos de Deus o cuidado que Ele tem por nós.

A recompensa do amor é encontrada em possuir o poder de amar. A nossa identidade espiritual como indivíduos é "Eu sou amado (por Deus) e eu sou um amante (de Deus), por isso eu sou bem-sucedido". Isso é o que importa para Deus.

Na tentativa de fazermos o que está na moda, acabamos perdendo a direção daquilo que é mais importante. O foco não está no que está dando certo, mas, sim, em andar de acordo com a Palavra. Deus está levantando mensageiros destemidos para chamar os ministros a voltarem ao mais alto e sublime propósito de anunciar o primeiro mandamento como foco de suas vidas e ministérios.

Embora a comunidade de Éfeso fosse um centro de grande avivamento na Igreja Primitiva (Atos 19.20), eles não sustentaram a chama acesa no seu amor por Jesus. Tornaram-se trabalhadores mais do que amantes de Deus. Amantes sempre trabalharam mais do que os trabalhadores. Quando trabalhamos sem intimidade, trabalhamos como escravos. Serviço sem devoção leva à amargura, decepção, ferimento, etc. Assim, o serviço não é sustentado por muito tempo.

A vontade de Satanás é nos encher de distrações para nos tirar da devoção a Jesus como prioridade de nossas vidas.

... mas receio que, assim como a serpente enganou a Eva com a sua astúcia, assim também seja corrompida a vossa mente e se aparte da simplicidade e pureza devidas a Cristo. (2 Coríntios 11.3)

Devemos amar a Deus com todo o nosso coração, alma, mente e força. Quando posicionamos o nosso coração nesse propósito, fazendo do amor a nossa prioridade máxima, o serviço se torna um fruto que brota naturalmente por meio de nós.

Indo eles de caminho, entrou Jesus num povoado. E certa mulher, chamada Marta, hospedou-o na sua casa.

Tinha ela uma irmã, chamada Maria, e esta quedava-se assentada aos pés do Senhor a ouvir-lhe os ensinamentos.

Marta agitava-se de um lado para outro, ocupada em muitos serviços.

Então, se aproximou de Jesus e disse: Senhor, não te importas de que minha irmã tenha deixado que eu fique a servir sozinha? Ordena-lhe, pois, que venha ajudar-me.

Respondeu-lhe o Senhor: Marta! Marta! Andas inquieta e te preocupas com muitas coisas.

Entretanto, pouco é necessário ou mesmo uma só coisa; Maria, pois, escolheu a boa parte, e esta não lhe será tirada. (Lucas 10.38-42)

Embora o serviço seja fundamental para a expansão do Reino de Deus, o Senhor considera radical uma pessoa que para tudo apenas para estar com Ele. Os anos e as décadas que você cultiva na presença de Deus fazem com que você seja uma pessoa radical nos termos de Deus. Maria, Davi, Daniel, Samuel e outros grandes homens de Deus sustentaram sua paixão radical por Deus como um estilo de vida.

Falando com Deus

Quero convidar você neste momento para orar a Palavra de Deus. Quando oramos os textos bíblicos, temos a segurança de estarmos orando a vontade do Pai. Por isso, eu encorajo você a fazer desta prática um hábito diário na sua devocional.

Nesta primeira oportunidade, vamos fazer algo diferente. Vou ensinar o que sempre faço antes de começar a falar com o meu Pai. Eu chamo de *Detox* espiritual. Estamos tão ocupados no nosso dia a dia a ponto de não conseguirmos nos desconectar das coisas e da agitação diária. Por isso, acabamos perdendo o foco do que realmente importa. Sendo assim, não conseguimos ter um tempo de qualidade nos nossos relacionamentos mais importantes. Não fale nada. Somente medite em Deus e nas suas obras maravilhosas. Sei que no começo é difícil, mas, à medida que você fizer disso um hábito, o seu tempo com Deus será tão restaurador e maravilhoso que você vai querer ficar por horas somente ouvindo e apreciando a beleza do Senhor nesses momentos preciosos de comunhão com Ele.

Em seguida, vamos ler e meditar no Salmo 27.4-6. Esse texto fala sobre habitação, ou seja, morar na presença de

Deus e desfrutar da beleza do Senhor. A presença de Deus é o único lugar calmo e de verdadeira segurança que temos ao nosso dispor em toda e qualquer situação.

> Uma coisa peço ao SENHOR, e a buscarei: que eu possa morar na Casa do SENHOR todos os dias da minha vida, para contemplar a beleza do SENHOR e meditar no seu templo, pois, no dia da adversidade, ele me ocultará no seu pavilhão; no recôndito do seu tabernáculo, me acolherá; elevar-me-á sobre uma rocha. Agora, será exaltada a minha cabeça acima dos inimigos que me cercam. No seu tabernáculo, oferecerei sacrifício de júbilo; cantarei e salmodiarei ao SENHOR. (Salmos 27.4)

- Ao fazer esta oração, fale com Deus na primeira pessoa, lembrando que Ele ouve você.
- Agradeça a Deus pelo amor que Ele tem por você.
- Declare o amor que você tem por Ele.
- Procure meditar no amor que Deus tem por você, enquanto ora.
- Não tente impressioná-lo com palavras, seja simples.
- Faça desse texto a sua oração, ou seja, ore o texto acima.

Dinâmica

1. Cite duas situações que você passou na vida, que te marcaram negativamente gerando feridas por anos.

_____
_____
_____
_____

2. Destaque alguma situação em que você se sentiu totalmente fora de contexto.

_____
_____
_____
_____

3. Cite alguma situação da sua vida que você pode perceber claramente a manifestação do amor de Deus por você.

_____
_____
_____
_____
_____

4. Há alguma área da sua vida que chama a atenção das pessoas ao seu redor?

___
___
___
___
___

5. Busque o coração de Deus para que as diferenças que você possui, de alguma maneira, sejam relevantes paraa transformação da vida de outras pessoas.

___
___
___
___
___

6. Aprendemos até aqui que fomos criados para amar a Deus nos termos de Deus e que, só nesse amor, temos a alegria verdadeira, para a qual fomos criados. O amor a Deus está intimamente atrelado à obediência, desta forma, à medida que perseveramos em vigilância para obedecer os mandamentos de Deus, crescemos em amor. Cite os quatro níveis de amor baseado em Marcos 12.30.

___
___
___
___
___

7. No Salmo 27.4, lemos *"... Peço ao Eterno uma coisa"*.
Baseado nesse trecho do verso, analise a sua vida espiritual. Quanto tempo você tem gastado diariamente com Deus, simplesmente por amá-Lo? Será que você não tem sido somente mais um pedinte, esquecendo-se de que o mais importante é o seu relacionamento com Ele?

_____
_____
_____
_____

O CRESCIMENTO DE JESUS
CAPÍTULO 2

> Até que todos cheguemos à unidade da fé e do pleno conhecimento do Filho de Deus, à perfeita varonilidade, à medida da estatura da plenitude de Cristo. (Efésios 4.13)

Jesus, um homem que venceu os preconceitos e as diferenças sem quebrar nenhum princípio.

Crescer à medida da estatura da plenitude de Jesus remete, acima de qualquer coisa à responsabilidade! O que Paulo está dizendo na carta aos Efésios é: "Chega de ser criança, não seja ingênuo a ponto de ser enganados pelos impostores. Vocês foram chamados para o crescimento; o objetivo é que conheçam toda a verdade e proclamem o amor, assim como Jesus proclamou!".

Quero encorajá-lo a ler o livro de Efésios, pois esta carta do apóstolo Paulo trata de assuntos específicos sobre maturidade cristã. Diferente das outras epístolas, a carta de Efésios foi escrita para pessoas maduras.

O apóstolo dos gentios revela para nós, filhos de Deus, o fruto da plena maturidade, como alguém que é desenvolvido em Deus e passa a manifestar a vida de Cristo através do seu corpo, a Igreja, de onde flui Seu amor e poder nutrindo os santos para que todos possam crescer com saúde em Deus, fortalecidos pelo auxílio de cada parte.

Somente assim podemos vencer as artimanhas do inimigo como Jesus venceu! Isso não quer dizer que seremos iguais e que faremos a mesma coisa. A graça de Deus é multiforme, sendo distribuída como um presente com várias facetas, que chamamos de dons e ministérios, cuja finalidade é chegarmos à medida da estatura da plenitude de Cristo Jesus, nosso Senhor e Salvador.

O desejo de Deus Pai é que uma geração de filhos maduros, parecidos com Jesus, se levante sobre toda a Terra. Enquanto isso não for uma realidade dentro da Igreja de Cristo, não veremos um avivamento sustentável, que gere transformação na sociedade.

Assim como temos visto acontecer em inúmeras instituições religiosas ainda hoje, em pleno século 21, os religiosos da época da Bíblia também escravizavam a massa com um sistema rígido de doutrina que, quando contrariado, acarretava consequências terríveis. A metodologia educacional utilizada nas sinagogas era impositiva, não havia espaço para dúvidas, perguntas e muito menos para a crítica. O sinédrio decidia o que era certo e errado; o povo era obrigado a obedecer aos "mandamentos de Deus". Não havia uma democracia das ideias, e todos que tentavam oferecer resistência eram penalizados pelos intitulados "doutores da lei". Eles se consideravam os únicos dignos para revisar, determinar, analisar, criticar e condenar alguém.

Mesmo no Novo Testamento, durante todo o seu ministério, Jesus foi extremamente perseguido e criticado por Sua postura e doutrina que contrariava o interesse político e sociocultural dos líderes religiosos. Eles, de fato, odiavam Jesus, pois o humilde jovem de Nazaré era original. Veio para cumprir uma missão e, para isso, estava disposto a sofrer todo o tipo de oposição. Nunca considerou ninguém como inimigo, porém muitos o consideravam como tal. Sua doutrina era diferente, seus ensinos eram compatíveis com a sua maneira de viver. Ninguém conseguiu levantar uma acusação plausível contra Ele. Suas obras destilavam amor, e sempre preferiu o caminho do diálogo, em vez da imposição. Nunca obrigou ninguém a segui-lo, porém seus seguidores aumentavam espantosamente dia a dia. Sempre agia com transparência e sensibilidade. Sua compaixão pelas pessoas era visível, não usava de chantagem emocional para persuadir a multidão. Em seus discursos, demonstrou conhecimento e ternura; através das suas parábolas, ensinou os ouvintes a refletirem, pensarem e criticarem. A tenacidade e ousadia do grande mestre, que nunca se mostrou coagido e pressionado pelos líderes que o observavam, transformou a pequena comunidade, até então manipulada, em uma comunidade livre; transformou homens desprezados em pessoas de valor.

Jesus nos deixou o exemplo de uma pessoa que, além de conhecer o seu propósito de vida, permaneceu nele sem se desviar nem para esquerda nem para a direita. Sua visão sempre foi clara para todos os seus ouvintes: "Ele veio salvar e buscar o que se havia perdido". Sua vida foi inteiramente dedicada a esse propósito, suas pregações, ensinos, conexões, amizades, lugares que frequentou, viagens que fez, tudo foi dentro do seu propósito de vida.

Não há na história da humanidade nenhum outro personagem cujo nome foi anunciado antes do Seu nascimento, reconhecido durante a Sua vida, aclamado depois da Sua morte, adorado e esperado depois da Sua ressurreição! Jesus dividiu a história da humanidade! Foi perfeito, ainda que tendo deixado a Sua glória.

João disse sobre Ele:

> Eis o Cordeiro de Deus, que tira o pecado do mundo! É este a favor de quem eu disse: "após mim vem um varão que tem a primazia, porque já existia antes de mim". Eu mesmo não o conhecia, mas, a fim de que ele fosse manifestado a Israel, vim, por isso, batizando com água. (João 1.29-31)

Jesus é o maior de todos, não há como contestar de que Ele é o próprio Deus vindo em forma humana para mostrar o seu amor a favor dos homens. Basta você ler as escrituras que dizem a respeito d'Ele e logo você perceberá o amor, a graça, a verdade e o poder que só Ele possui.

O meu coração se alegra quando leio nas Escrituras a respeito de tudo que Deus tem para cada filho neste tempo!

Os nossos pais espirituais nos deixaram um legado de temor, perseverança, devoção, amor, compaixão, coragem, entre muitas outras coisas para darmos o prosseguimento, como filhos espirituais maduros em Deus. Sem os nossos pais espirituais, não teríamos condição de avançarmos em uma velocidade tão grande rumo à maturidade espiritual.

Nas minhas viagens missionárias, tenho visto muitos jovens apaixonados por Jesus! Antigamente, quando falávamos de igreja, pensávamos em idosos, casais, crianças e poucos jovens. Mas hoje estamos presenciando um exército de jovens sedentos e apaixonados por Jesus, prontos para entregar tudo por Ele.

Pense nisso

BAR MITZVAH!

Quero compartilhar com você sobre o *Bar Mtizhah*, uma cerimônia judaica, cujo ensinamento é muito relevante para os nossos dias.

> Ele perguntou: "Por que vocês estão me procurando? Não sabiam que eu deveria estar na casa de meu Pai?". Mas eles não compreenderam o que lhes dizia. (Lucas 2.49-50 - NVI)

Jesus, com 12 anos de idade, tinha consciência da sua paternidade celestial. Isso é incrível. Esse episódio da Bíblia é comparado com a cerimônia de maioridade que se comemora em

Israel quando o menino atinge a sua maioridade, aos treze anos de idade, e a menina aos quatorze anos. O episódio no livro de Lucas que narra Jesus ensinando aos doutores da Lei foi o exame de sua maioridade religiosa e civil. Já estive em Israel algumas vezes e tive a oportunidade de ver de perto a cerimônia do *Bar Mitzvah* (Filho do Mandamento). Essa cerimônia judaica é de muita importância para um judeu, pois nela o jovem cruza a linha divisória da sua adolescência assumindo a responsabilidade pelas suas próprias ações e fé em Deus, sendo recebido oficialmente como uma pessoa responsável na sinagoga por rabinos, familiares e amigos. Os pais, na verdade, alegram-se porque já não são responsáveis diante de Deus pelos pecados de seus filhos. É quando então os jovens começam a definir seus caminhos de acordo com seus valores e comprometimentos como cidadãos judeus, quando também podem ler os textos bíblicos nas sinagogas e serem ouvidos pelos doutores da lei. Creio que da mesma maneira que *Bar Mitzvah*, eu e você precisamos crescer e assumir com responsabilidade o chamado que Deus nos concedeu.

> Mas, a todos quantos o receberam, deu-lhes o poder de serem feitos filhos de Deus, a saber, aos que creem no seu nome... (João 1.12)

Nesse texto, a palavra grega usada para filhos é teknon, que significa um "recém-nascido, imaturo, criança". Fala de alguém que acabou de nascer. Já em Gálatas 4.1:

> Digo, pois, que, durante o tempo em que o herdeiro é menor, em nada difere de escravo, posto que é ele senhor de tudo.

Podemos ver claramente que um menor, ainda que seja herdeiro de todas as coisas, não difere do escravo que não possui nenhuma herança. Aqui, infelizmente, está a realidade de muitos cristãos. Somos salvos, recebemos todas as coisas da parte de Deus, mas vivemos uma vida tão vazia e sem poder que nem parece que somos e temos tudo o que afirmamos nas canções e textos que recitamos.

Meu filho de oito anos, Samuel, é um menino muito ativo e inteligente. Desde pequeno sempre gostou de desafios e coisas radicais. As pessoas ao meu redor dizem que ele se parece muito comigo na aparência, no comportamento, no temperamento, e em outras áreas. Mas a verdade é que, embora haja semelhanças, ele é menor de idade e não pode fazer algumas coisas, simplesmente pelo fato de ser meu filho. Se eu pedir para ele pastorear uma igreja, por ser de temperamento dominante, talvez ele aceite o desafio, mas isso não quer dizer que ele tenha autoridade e capacidade para tal função. Assim também, somos nós quando não crescemos em Deus como filhos Seus. Ainda que parecidos, não somos habilitados para exercermos certas funções. Por isso, precisamos deixar que a Palavra de Deus transforme cada área de nossas vidas, a fim de que possamos crescer de acordo coma medida que Deus tem para cada um de nós. A obra de salvação que Jesus fez em nós é muito mais abrangente do que podemos imaginar. Ela alcança todos os aspectos da nossa vida. A palavra salvação é a mesma palavra para cura e libertação, por isso ser salvo na perspectiva dos céus é viver como uma pessoa justificada pela fé em tudo.

Que fantástico isso! Nós podemos andar como Jesus andou na Terra, pois tudo o que Ele fez foi por meio do Espírito Santo, o qual também possuímos, somos herdeiros d'Ele e podemos viver o seu sobrenatural em todas as áreas da nossa vida. Não deixe que as suas diferenças façam de você um prisioneiro, seja liberto pelo poder que há no sangue de Jesus.

Como Deus é maravilhoso. E que bênção ele é. Ele é o Pai de nosso Senhor Jesus Cristo que nos leva aos mais elevados lugares de bênção. Muito antes que ele estabelecesse os fundamentos da terra, ele já pensava em nós e nos escolheu como alvo do seu amor, para nos fazer completos e santos por meio desse amor. Há muito tempo ele decidiu nos adotar em sua família, por meio de Jesus Cristo. (E que prazer ele teve em planejar tudo isso). Foi por sua vontade que agora participamos da celebração desse presente dado por seu Filho amado, totalmente de graça. (Efésios 1.3-6 – A Mensagem)

A palavra usada no grego para definir "filhos", neste texto, é *huios*, que significa "filhos maduros, pessoas conscientes e responsáveis"; diferente *deteknon*, que denota "alguém que está acabando de nascer".

Precisamos nos tornar "filhos de mandamentos" e reconhecer a nossa paternidade celestial para, assim, sermos filhos semelhantes a Jesus; só então alcançaremos todas as coisas que Deus quer fazer através das nossas vidas para estabelecer o Seu Reino sobre a Terra.

Aprendendo com Jesus

> Quando Jesus acabou de proferir estas palavras, estavam as multidões maravilhadas da sua doutrina; porque ele as ensinava como quem tem autoridade e não como os escribas.
>
> (Mateus 7.28-29)

Esse texto relata a diferença assustadora que havia entre o ensinamento de Jesus e o ensino dos escribas religiosos da época. O Ensino de Jesus tinha autoridade, ou seja, proporcionava reverência, transformação e liberdade na vida dos ouvintes. Em contrapartida, o ensino dos escribas gerava medo e orgulho.

Quando eu falo de autoridade, não estou necessariamente querendo dizer sobre se ter um título ou cargo dentro de uma instituição. Pois uma pessoa que tem autoridade não impõe, simplesmente a exerce! Pilatos tinha recebido autoridade do alto, mas não conseguiu exercê-la em prol da verdade, pois era imaturo e ignorante ao propósito de Deus para a sua vida.

Precisamos de pessoas pontuais, homens e mulheres alinhados ao propósito de Deus para esta geração. Não há mais tempo para nos embaraçarmos com as coisas deste mundo! Somos do alto, de lá recebemos autoridade para estabelecer o Reino de Deus na Terra. Jesus deu a chave do Reino dos céus em nossas mãos, precisamos deixar todas as coisas que estão nos impedindo de exercer o nosso chamado como filhos de Deus.

> Indo Jesus para os lados de Cesaréia de Filipe, perguntou a seus discípulos: Quem diz o povo ser o Filho do Homem? E eles responderam: Uns dizem: João Batista; outros: Elias; e outros: Jeremias ou algum dos profetas. Mas vós, continuou ele, quem dizeis que eu sou? Respondendo Simão Pedro, disse: Tu és o Cristo, o Filho do Deus vivo. Então, Jesus lhe afirmou: Bem-aventurado és, Simão Barjonas, porque não foi carne e sangue que to revelaram, mas meu Pai, que está nos céus. Também eu te digo que tu és Pedro, e sobre esta pedra edificarei a minha igreja, e as portas do inferno não prevalecerão contra ela. Dar-te-ei as chaves do reino dos céus; o que ligares na terra terá sido ligado nos céus; e o que desligares na terra terá sido desligado nos céus. Então, advertiu os discípulos de que a ninguém dissessem ser ele o Cristo. (Mateus 16.13-20)

Isso é simplesmente extraordinário! Jesus deu em nossas mãos o poder que Ele usou para criar o mundo. Como filhos de Deus, somos chamados para exercer a mesma autoridade que Ele exerceu. Os escribas religiosos ficaram irados ao ver o povo que eles oprimiam há anos correndo em massa para ouvir a palavra do Mestre. Esse é o impacto que causaremos nas nações quando nos posicionarmos como filhos maduros de Deus para liberar cura sobre os povos. Esse momento está chegando! Estamos prestes a ver o maior avivamento de toda a história varrendo povos, raças, tribos, línguas e nações da Terra.

Quando Jesus ensinava, as pessoas eram tocadas pelo poder de Deus e nunca mais conseguiam ser as mesmas. João já dizia que Aquele que viria após ele era maior que ele, e que quando Ele viesse batizaria os seus ouvintes com fogo.

Eu me lembro de uma experiência que tive quando fui acordado por Deus em uma noite. Marcou para sempre a minha vida ministerial. Eu havia voltado de um estudo na igreja e logo fui dormir. Por volta da meia noite, eu senti o apartamento onde eu morava balançando. Acordei assustado pensando se tratar de era um terremoto. A primeira coisa que costumamos fazer aqui no Japão ao sentir um estabelecimento tremer é verificar o lustre, pois aqui a maioria dos lustres têm uma cordinha que quando a casa treme ela balança. Mas a cordinha do lustre estava parada, intacta, sem se mexer! Foi quando me dei conta de que eu tinha combinado com o pastor e alguns irmãos da igreja de orarmos pela madrugada no parque atrás do condomínio onde morava. Logo, liguei para o pastor e outros irmãos e fomos orar. Ao chegar no local, fui impelido a ir na frente no centro do parque onde havia uma pedra bem grande. Deixei os irmãos em determinado local e caminhei sozinho até a pedra, com o intuito de me ajoelhar e gastar um tempo com Deus. Ao me aproximar do local, fui impelido novamente por um vento muito forte, que me arremessou para trás. Eu caí no chão e logo entendi que o Senhor estava ali! Tentei me aproximar novamente, mas não conseguia ficar de pé. Quando percebi, eu estava prostrado de joelhos adorando ao Senhor! A partir dessa experiência com o poder de Deus, sinais e maravilhas começaram a acontecer à medida que eu ministrava às pessoas. Muitos eram batizados no Espírito Santo, muitos milagres aconteciam e pessoas eram salvas.

Finalmente, apareceu Jesus aos onze, quando estavam à mesa, e censurou-lhes a incredulidade e dureza de coração, porque não deram crédito aos que o tinham visto já ressuscitado. E disse-lhes: Ide por todo o mundo e pregai o evangelho a toda criatura. Quem crer e for batizado será salvo; quem, porém, não crer será condenado. Estes sinais hão de acompanhar aqueles que crêem: em meu nome, expelirão demônios; falarão novas línguas; pegarão em serpentes; e, se alguma coisa mortífera beberem, não lhes fará mal; se impuserem as mãos sobre enfermos, eles ficarão curados. (Marcos 16.14-18)

Não podemos nos contentar em apenas transmitir uma mensagem, pois Jesus nos prometeu coisas maiores! Somos filhos e herdeiros de Deus, temos autoridade e poder oferecidos da parte do Senhor para nós. Conversando esses dias com um apóstolo muito querido na nação brasileira, recebi uma palavra que permaneceu em meu coração. Ele me disse: "Davi, só se deixe ser usado por Deus e por ninguém mais".

Às vezes, nos esquecemos do chamado de Deus para as nossas vidas e acabamos nos ocupando com coisas secundárias, a ponto de nos acostumarmos com a ausência dos sinais e maravilhas na igreja. O próprio Jesus deixou esse encargo sobre nós, não podemos mais ignorar isso. Assim como no tempo de Jesus, precisamos ensinar com autoridade e poder, pois só assim as pessoas serão tocadas e transformadas por Ele.

Quero concluir este capítulo contando mais uma história. Quando eu servia como diácono em uma das igrejas de que participei, tive o privilégio de ficar por tempo integral trabalhando ao lado do pastor. Durante alguns meses, aprendi a cuidar de muitas vidas. Foi uma experiência muito impactante para mim. Eu fui designado como líder de um departamento de assistência social, que tinha como objetivo abrigar moradores de rua em um apartamento que a igreja locava. São tantas histórias que eu poderia contar, tantas salvações, curas e milagres que aconteceram naquele local. Mas, em especial, eu quero falar sobre uma pessoa muito querida, inteligentíssima, professor de faculdade quando ainda morava no Brasil. Vou chamá-lo de José. O José veio para o Japão como muitos outros brasileiros descendentes a trabalho, com parte da família. A maioria dos brasileiros que vêm ao Japão chegam aqui com muitos sonhos e projetos pessoais, mas a verdade é que a vida no *Nihon* não é tão fácil como muitos imaginam. Eu amo o Japão, não sei se eu conseguiria morar em outro país da Terra, pois me sinto totalmente deslocado quando viajo para outras nações. Todavia, muitas famílias, ao chegarem no Japão, acabam destruídas, devido ao peso do trabalho, das pressões psicológicas e de fatores espirituais. A história do José foi uma dessas histórias tristes que eu acompanhei de perto.

Ele veio ao Japão com o sonho de melhorar de vida e atingir os seus objetivos financeiros para, então, retornar ao Brasil. A princípio, deixou a esposa e veio somente com os filhos, que já tinham concluído os estudos, para trabalharem e ajuntarem o máximo de dinheiro possível no menor tempo! Porém, a solidão tomou conta da vida desse guerreiro fazendo com que ele se esquecesse de todas as suas metas e projetos familiares. Por fim, entregou-se ao vício da bebida, de onde nunca mais conseguiu se libertar. Que tristeza! O José acabou virando morador de rua. Os filhos insistiram em ajudá-lo, mas ele não aceitou. Abandonou a esposa, os filhos, os projetos, os sonhos e se entregou por completo à bebida. Eu também tentei ajudá-lo diversas vezes, como muitas outras pessoas, porém sem êxito algum. Numa certa manhã de inverno, recebemos uma notícia mais triste ainda, o José fora encontrado jogado na rua e morto pelo frio! Que triste foi ouvir isso, pois eu me recordo até hoje das histórias animadas que ele nos contava, sempre nos ensinando e nos estimulando a estudar, sonhar e ter objetivos na vida.

Eu decidi concluir este capítulo com esta história tão triste, em vez de uma história bonita com um final belo, para dizer a você que precisamos assumir o controle da nossa vida de uma vez por todas. Isso é uma questão de vida ou morte. As lutas virão, os empecilhos, desânimo, frustrações e decepções fazem parte da caminhada! Mas não podemos desistir no meio do caminho! Seu posicionamento vai definir o desfecho da sua história.

Falando com Deus

Disse Abrão a Ló: Não haja contenda entre mim e ti e entre os meus pastores e os teus pastores, porque somos parentes chegados. Acaso, não está diante de ti toda a terra? Peço-te que te apartes de mim; se fores para a esquerda, irei para a direita; se fores para a direita, irei para a esquerda. Levantou Ló os olhos e viu toda a campina do Jordão, que era toda bem regada (antes de haver o SENHOR destruído Sodoma e Gomorra), como o jardim do SENHOR, como a terra do Egito, como quem vai para Zoar. (Gênesis 13.8-10)

Por meio desse texto, podemos ver o quanto Abrão estava focado na direção de Deus para a sua vida; ele confiava completamente no Senhor. Por isso, quero encorajar você a tirar um tempo com Deus e pedir que o Espírito Santo venha tocar o seu coração neste momento, trazendo sensibilidade àquilo que o Senhor tem para você nesses próximos dias da sua vida. Ore para que, a partir de hoje, suas decisões estejam alinhadas ao propósito de Deus. Peça sinais claros e *insights* da parte do Senhor como resposta à sua oração. Creio que Deus quer nos dar clareza para avançarmos com confiança de que Ele está no controle!

- Ao fazer esta oração, fale com Deus na primeira pessoa, lembrando que Ele ouve você.
- Agradeça a Deus pelo amor que Ele tem por você.
- Declare o amor que você tem por Ele.
- Enquanto você ora, peça clareza para as decisões que você precisa tomar.
- Apresente cada uma delas a Deus.
- Peça sinais específicos.

Dinâmica

1. Medite na carta aos Efésios e peça a Deus que o ajude a dar passos específicos rumo à maturidade. Anote estes passos aqui.
_____
_____
_____
_____

2. O que você acha que tem impedido um avivamento na sua vida a fim de que pessoas ao seu redor desfrutem de uma reforma pessoal?
_____
_____
_____
_____

3. Cite duas áreas da sua vida que precisam ser submetidas ao governo de Jesus.
_____
_____
_____
_____

4. Você se vê como um cristão imaturo, um cristão que está crescendo pouco a pouco ou alguém que tem certo nível de maturidade? Explique a sua resposta.

5. Descreva uma experiência com Deus que marcou profundamente a sua vida e depois procure encorajar alguém compartilhando essa experiência.

QUEM EU NÃO SOU

CAPÍTULO 3

É comum tomarmos decisões baseadas na aprovação de outras pessoas pelo medo de sermos criticados ou até mesmo rejeitados. Tais decisões têm gerado feridas na alma de muitas pessoas. Isto tem sido visível neste tempo, mais do que em qualquer outro.

Temos medo de dizer *"não"* para as pessoas, preocupados em ferir os seus sentimentos. Todavia, a verdade é que, quando não temos certeza de quem somos em Deus e do que fomos chamados a fazer, podemos agir sem levar em conta os Seus propósitos. Esta falta de entendimento nos leva a uma crise. Dizemos *"não"* quando deveríamos dizer *"sim"*, e *"sim"* quando deveríamos dizer *"não"*.

A nossa vida é assim, infelizmente não temos controle das coisas e acabamos vivendo um estilo de vida tão inferior ao que Deus tem para nós. O Senhor quer se manifestar em cada esfera da sociedade e em cada esfera da nossa vida trazendo transformação, cura, reforma e restauração; somente esta manifestação poderá restaurar a nossa identidade em Deus.

A nossa identidade não está naquilo que fazemos, mas sim em quem somos. No decorrer da nossa jornada, Deus pode mudar aquilo que fazemos, mas nunca mudará a nossa identidade, pois a sua origem está em Deus. Não deixe que as coisas que você faz ou deixa de fazer o impeçam de viver com a sua verdadeira identidade. Você foi escolhido por Ele, desenhado dentro de um destino eterno para ser parte da família celestial. Não se sinta obra do acaso, Ele o fez com as suas próprias mãos.

Para entendermos mais sobre esse princípio libertador para as nossas vidas, quero mostrar algo importante para você. A Palavra de Deus nos mostra que a união é a base da nossa existência.

> Disse mais o Senhor Deus: Não é bom que o homem esteja só; far-lhe-ei uma auxiliadora que lhe seja idônea. (Gênesis 2.18)

Uma pessoa que não possui relacionamentos saudáveis apresenta falhas na sua identidade e não consegue ter uma vida equilibrada tanto no aspecto emocional como no espiritual. Deus nos criou para nos relacionarmos com Ele e com os outros.

Nos textos abaixo sobre a história de Jesus, vemos com clareza o seu crescimento saudável. O primeiro aspecto de um desenvolvimento sadio na vida de uma criança é seu vínculo com seus pais. Na vida de Jesus, observamos isso, José e Maria estavam presentes nos momentos fundamentais.

> E, ausentando-se deles os anjos para o céu, diziam os pastores uns aos outros: Vamos até Belém e vejamos os acontecimentos que o

Senhor nos deu a conhecer. Foram apressadamente e acharam Maria e José e a criança deitada na manjedoura. (Lucas 2.15-16)

Tendo eles partido, eis que apareceu um anjo do Senhor a José, em sonho, e disse: Dispõe-te, toma o menino e sua mãe, foge para o Egito e permanece lá até que eu te avise; porque Herodes há de procurar o menino para o matar. Dispondo-se ele, tomou de noite o menino e sua mãe e partiu para o Egito; e lá ficou até à morte de Herodes, para que se cumprisse o que fora dito pelo Senhor, por intermédio do profeta: Do Egito chamei o meu Filho. (Mateus 2.13-15)

E desceu com eles para Nazaré; e era-lhes submisso. Sua mãe, porém, guardava todas estas coisas no coração. E crescia Jesus em sabedoria, estatura e graça, diante de Deus e dos homens. (Lucas 2.51-52)

Por meio desses exemplos da vida de Jesus compreendemos quão importante é a participação e influência dos pais na vida dos filhos. Afinal, são os pais que, além de cuidar, moldam o caráter e indicam a direção, até que os filhos cresçam e entendam de fato a presença de Deus.

Jesus não nasceu numa família rica. A Bíblia diz que eles eram humildes (Lucas 2.24), porém possuíam uma grande riqueza espiritual: amavam a Deus e se amavam mutuamente. José e Maria foram obedientes ao Senhor em todos os momentos e isso os tornou ricos espiritualmente.

Assim como José e Maria, pais de Jesus; Ana e Elcana, pais de Samuel; Manoá e sua mulher, pais de Sansão; entre tantos outros pais da Bíblia comprometidos com a criação de seus filhos os instruíram no caminho de Senhor, nós também precisamos investir tempo pastoreando o coração dos nossos filhos, levando-os a Deus. O valor e o poder das próximas gerações estão em nossas mãos.

O que plantamos no coração de uma criança gerará frutos saudáveis ou não no coração de um adulto. Na Bíblia, há dezenas de textos que nos alertam sobre a criação de filhos. E é sob a instrução da Palavra que devemos conduzir a formação dos nossos filhos gerando jovens e adultos de caráter, conscientes de suas responsabilidades e compromissados com Deus e com a sociedade. Dos exemplos de família que conhecemos na Bíblia, nem todas foram perfeitas, mas quando os filhos enfrentaram situações difíceis, eles se lembraram dos ensinamentos de seus pais e, principalmente, do Deus de seus pais.

Talvez você já tenha se indagado sobre o fato de Jesus sair de cena depois dos 12 anos de idade e só reaparecer aos 30 anos nas páginas da Bíblia. Estudando um pouco da cultura judaica, podemos entender melhor o caminho que um *Bar Mirtzvah* (filho da lei) faz ao se tornar responsável pelos seus atos. Ao passar pela cerimônia da maioridade, o menino entra na aliança com o Pai Celestial tendo como compromisso manter, estudar e praticar todos os mandamentos da Torá, por toda a sua vida. Desse momento em diante, o jovem procura buscar em Deus a sua identidade e propósito de vida para, então, constituir uma família e viver a vontade d'Ele em todas as esfera. Jesus, aos 12 anos, já consciente do seu encargo diante de doutores da Lei, tratava assuntos do seu Pai Celestial. Ao reaparecer no cenário bíblico aos 30 anos de idade, ele revela, então, o seu propósito. Ele tinha uma mensagem – o Reino de Deus; uma prioridade – fazer a vontade do Pai; uma missão – dar a vida pelas suas ovelhas; uma rotina – andar diariamente fascinado pelo Pai.

Nem todos tiveram o mesmo privilégio de Jesus de ter sido criado numa família estruturada. Talvez você tenha sido privado da companhia de seus pais ou tenha sido submetido a uma cultura familiar de opressão. Talvez você tenha sido levado a desacreditar no propósito que Deus, seu Pai verdadeiro, tem para você.

Eu quero te dizer uma coisa: Ainda que todos tenham te abandonado e você não tenha tido vínculos afetivos saudáveis, saiba que o Pai te ama e está te chamando para um relacionamento de amor e intimidade com Ele.

> Será que uma mãe pode esquecer do seu bebê que ainda mama e não ter compaixão do filho que gerou? Embora ela possa se esquecer, eu não me esquecerei de você! (Isaías 49.15 - NVI)

Quero convidá-lo a se lançar para conhecer o coração do Pai. Não perca mais tempo nas muitas situações que machucaram você. Ele é maior do que tudo o que você sofreu. O amor do Pai é completo e suficiente para curar o seu coração e suprir todos os vínculos afetivos que você não estabeleceu na sua criação.

Nós não somos o que as pessoas dizem que somos. A cultura do mundo quer impregnar na alma do ser humano mentiras a respeito da sua identidade, fazendo com que o homem que foi criado para ser alvo do amor de Deus se sinta um mero produto de consumo.

Até mesmo muitos cristãos têm vivido com sua alma carregada de culpa, legalismo, tristeza e frustração. Parecem viver sem os benefícios de ser nova criatura. Continuam carregando um fardo que Jesus fez questão de carregar por nós há dois mil anos. Por mais que orem e agradeçam, elas ainda se sentem insignificantes diante de Deus.

O fato é que precisamos voltar a falar de pecado sim. Transgredimos a Lei de Deus e isso nos torna culpados, todavia a pregação não pode parar por aí. Se parar, percorreu somente metade do caminho. Apresentou a má notícia, mas não o Evangelho (a Boa Nova). Ficam perguntas no ar: Como posso fazer as pazes com Deus? O que posso fazer para me livrar dessa culpa?

A Bíblia diz que você não pode fazer nada. Ninguém pode por seu próprio esforço moral satisfazer a justiça de um Deus Santo. Cientes dos nossos pecados, só nos resta o arrependimento. E quando isso acontece, podemos experimentar não a justiça, mas a misericórdia do nosso Deus, pois Ele se compadeceu de nós e decidiu nos salvar. Para satisfazer a sua justiça e salvar o pecador, Deus decidiu tornar-se homem. Cristo foi o único homem que viveu sem jamais pecar, e embora fosse completamente justo e inocente, morreu em uma cruz sangrenta; porém, ressuscitou três dias depois. Isso é o que Deus fez para salvar o homem: deu a Si mesmo como sacrifício pelos seus pecadores.

Só vive livre da culpa a pessoa que entende e acolhe essa mensagem. Deus não pode mais condená-la, pois sua pena foi suportada por Cristo na cruz. E aí é que vem o melhor: Jesus ressuscitou! Aleluia! Quando cremos n'Ele, experimentamos o poder de Sua ressurreição, traduzido em santidade e paz já nesta vida, bem como esperança de ressuscitar no porvir.

Cristãos verdadeiros, portanto, não carregam fardos de culpa, não veem Deus como um tirano. Ao contrário, desfrutam da indescritível alegria ao reconhecer em Deus um Salvador gracioso, que ofereceu a Si mesmo para satisfazer sua própria justiça. A vida cristã, portanto, é plena de gozo, satisfação e paz. Já não precisamos inverter os valores, pois agora sabemos quem somos: somos um com Cristo.

Pense nisso

Quem você não é? Já parou para pensar que quando descobrimos quem nós **não** somos ou o que **não** devemos fazer, fica mais fácil nos concentrarmos naquilo que, de fato, fomos chamados para ser e fazer?

Observando o desenvolvimento da criança, podemos compreender alguns princípios básicos da vida espiritual. O quadro emocional da criança é formado a partir de diversas experiências que ela passa nos primeiros meses de vida. A criança recém-nascida, que tem seus pais, recebe segurança e sente que é bem-vinda, assim como o exemplo que acabamos ver na vida de Jesus. Esse vínculo se desenvolve na medida em que os pais atendem às suas necessidades básicas, como alimentação, proximidade, colo e carinho. Nessa primeira fase, o bebê não diferencia a si próprio da mãe, ele acha que é um com ela. Por isso ele entra em desespero quando a mãe se ausenta. Entretanto, vem a próxima fase, quando a criança precisa experimentar a separação e a individualidade a fim de que a sua identidade seja construída com saúde. Esse período vai de 1 a 3 anos de idade. Podemos chamar isso da experiência do "eu". Mas para o "eu" existir, primeiro ela precisa experimentar o "não eu". Ela precisa determinar quem ela não é, a princípio, para depois descobrir a sua própria identidade. Nessa fase, a criança entende que não é igual à mãe, ela cria interesse pelas coisas externas e quer experimentar ação. Ou seja, ela começa a descobrir as coisas e mais tarde a experimentá-las. Enquanto o bebê está na fase do descobrimento, ele fica encantado com tudo que é novo, mas ainda é dependente da mãe. Porém, quando começa a experimentar, o bebê quer "abandonar" a mãe. Nessa fase, a criança faz as coisas às escondidas. Se os pais, nessa etapa da experimentação, ajudarem o filho, impondo-lhe limites, de maneira firme e consistente, ao mesmo tempo estimulando-o a passar por essa etapa, a criança será capaz de chegar no lugar do reequilíbrio. Isso se dá quando ela percebe que não pode fazer tudo o que bem desejar. Pode ser muito perigoso. Ao chegar nessa fase, a criança está pronta para se relacionar com o mundo externo sem perder a noção de si mesma.

Na vida espiritual isso também acontece. Quando descobrimos quem **não** somos, a nossa verdadeira identidade é revelada. Quando vemos a deturpação dos valores e princípios estabelecidos por Deus, percebemos que o erro consiste em uma somatória de fatores e quebra de princípios que vão sendo ignorados ao longo dos anos. Precisamos nos arrepender e pedir que Deus nos cure por completo dos erros concernentes à nossa natureza caída, para, então, desfrutarmos da nova natureza herdada pelo sacrifício de Jesus na cruz.

Quem você não é? Você está pronto para responder a essa pergunta? Não permita mais que a sua identidade verdadeira continue escondida na sombra de um personagem fictício; você é um indivíduo especial com uma missão extraordinária. Pare de dizer sim para o que não presta, e dizer não para aquilo que é bom.

Quando o jovem rico disse para Jesus "bom mestre", Jesus o indagou dizendo: "Por que me chamas de bom, se há um somente que é bom?". Percebe o que Jesus estava dizendo? O jovem não estava errado no que afirmava, porém Jesus aproveitou aquela oportunidade para ministrar ao coração daquele rapaz que, em seguida, passaria por um teste crucial. Em Israel, um judeu só é reconhecido como bom no final da sua vida, pois é no final que ele pode olhar para trás e avaliar os seus frutos e o legado que está deixando para a próxima geração. Jesus tinha uma missão que ainda não havia sido finalizada, por isso disse que não poderia ser chamado de bom antes da consumação de Sua obra. Aquele jovem, logo em seguida, passou por um teste em que a sua identidade seria provada, mas, infelizmente, ele sucumbiu virando as costas para Jesus.

Pare um pouquinho neste momento e pense a respeito do que você aprendeu até aqui. Onde estão as suas dificuldades?

Quais são as suas fraquezas? Será que você não está tão fixado nas suas realizações, que não tem percebido que o que Deus quer é exatamente aquilo que você não quer largar?

> Eis que estou à porta e bato; se alguém ouvir a minha voz e abrir a porta, entrarei em sua casa e cearei com ele, e ele, comigo. (Apocalipse 3.20)

O Pai quer oferecer um banquete neste momento para você. Deixe suas realizações de lado agora, não seja como aquele jovem rico que fazia tantas coisas certas, mas não conseguiu se desprender daquilo que realmente Jesus pediu para ele. O que o Pai está pedindo para você neste momento?

Aprendendo com Deus

João Batista era um homem que sabia quem ele não era.

> Este foi o testemunho de João, quando os judeus lhe enviaram de Jerusalém sacerdotes e levitas para lhe perguntarem: Quem és tu? Ele confessou e não negou; confessou: Eu não sou o Cristo. (João 1.19-20)

Através da vida de João Batista, podemos aprender alguns passos fundamentais para a construção da nossa identidade em Deus e, assim, entendermos o quanto Ele nos ama.

Note que João Batista, ao ser indagado pelos religiosos acerca da sua identidade, não disse quem ele era, mas, sim, quem ele não era. Por que João fez isso? Ao dizer que ele não era o Messias, João tirou todo o tipo de expectativa errada que as pessoas poderiam ter sobre ele. Um grande erro que, muitas vezes, cometemos é assumir uma identidade falsa, não herdada de Deus, vivendo dentro de valores que nos afastam do propósito original d'Ele para nós. Você precisa saber quem você *não* é, e o que você *não* foi chamado a ser, para, dessa forma, apropriar-se da sua real identidade em Deus.

O que vemos atualmente acontecendo dentro das igrejas cristãs é o oposto do que vemos na vida de João. As pessoas estão machucadas, magoadas, tristes, há muita falta de perdão e pouca demonstração de amor, assim como muitas intrigas e contendas. Tudo isso só está acontecendo porque muitos cristãos estão assumindo uma identidade falsa, uma identidade que não procede de Deus. Estamos falando de pessoas que, na maioria dos casos, são genuínas no seu amor por Deus, mas não conseguem perceber que antes de amarem a Deus são amadas por Ele. Essa falta de entendimento leva muitos cristãos a viverem em busca de significância, o que gera disputa por posição e cargos.

João Batista era filho do sacerdote Zacarias, e como filho de sacerdote, ele carregava uma responsabilidade muito grande sobre os ombros. Tanto Zacarias quanto João Batista optaram pelo caminho correto; eles entenderam o propósito de Deus para a família deles. Zacarias e Isabel não foram contra o propósito de Deus para a vida de João, ao contrário, eles cooperaram para isso.

A história de Zacarias e Isabel (Lucas 1.7-13) é bastante semelhante à de Abraão e Sara (Gênesis 17.17), Isaque e Rebeca

(Gênesis 25.21), Manoá e sua mulher (Juízes 13.2-5) e Elcana e Ana (1Samuel 1.2). O casal Zacarias e Isabel viviam uma vida correta diante de Deus, obedecendo fielmente todas as leis e mandamentos (Lucas 1.6). A Bíblia conta que Isabel, por estar em idade avançada, não podia mais ter filhos, mas quando Zacarias ministrava ao Senhor no templo durante o seu turno, o anjo Gabriel lhe apareceu e disse que Deus lhe daria um filho, cujo nome deveria ser João, e que ele seria um homem com um propósito especial a cumprir em sua geração (Lucas 1.7-17). Zacarias, a princípio, não conseguiu aceitar aquela notícia, mas Deus, com seu infinito amor, trabalhou na vida dele, levando-o a acreditar e a participar da promessa. O amor de Deus é tão tremendo que Ele convenceu Zacarias do nascimento de um filho que ele sempre esperou.

João não serviu no templo como sacerdote como o seu pai. Deus instruiu Zacarias a respeito disso. Zacarias experimentou um novo nível de intimidade com Deus ao passar por essa situação, e isso o fez crescer e liberar João Batista para cumprir o propósito de Deus para a sua vida.

Geralmente não conseguimos compreender, de imediato, o agir de Deus em nossas vidas, por isso ficamos desanimados e tristes. Mas saiba que toda construção exige tempo e investimento para ser concluída (Lucas 14.28-30). Não podemos abrir mão do processo.

Sinceramente falando, eu não gostaria de ter que passar por tudo que passei novamente, por ocasião da minha chegada ao Japão, mas foi nesse contexto que eu aprendi sobre quem eu não era.

Quando eu era adolescente, uma menina, também adolescente, me viu em algum lugar e me enviou uma mensagem dizendo que gostava de mim. Nesse tempo, a tecnologia não era tão avançada ou acessível como hoje, por isso só nos falávamos por áudio. Sempre que eu perguntava sobre a sua aparência, por algum motivo, ela me passava informações falsas, desta forma eu acabei criando um personagem fictício na minha mente. Quando tive a oportunidade de vê-la pessoalmente, fiquei perplexo, porque as informações que ela me passava não condiziam em nada com a realidade. Será que não estamos agindo como aquela adolescente em muitas áreas da nossa vida?

Assumir uma identidade falsa só nos trará prejuízos futuros. Precisamos aceitar o fato de que não somos infalíveis. Isso significa que vamos errar bastante e, por inúmeras vezes, nos pegaremos agindo por interesse pessoal, em vez de agirmos por amor. No entanto, se não nos esquecermos de que somos alvos do amor de Deus e que é esse amor que nos recoloca nas veredas de justiça, venceremos a nossa natureza egoísta. Eu só consigo perdoar quando entendo que mesmo sem merecer eu fui perdoado, simplesmente por ser alvo desse amor.

Falando com Deus

...para que o Deus de nosso Senhor Jesus Cristo, o Pai da glória, vos conceda espírito de sabedoria e de revelação no pleno conhecimento dele, iluminados os olhos do vosso coração, para saberdes qual é a esperança do seu chamamento, qual a riqueza da glória da sua herança nos santos e qual a suprema grandeza do seu poder para com os que cremos, segundo a eficácia da força do seu poder. (Efésios 1.17-19)

- Ao fazer esta oração, fale com Deus na primeira pessoa, lembrando que Ele ouve você.
- Agradeça a Deus pelo amor que Ele tem por você.
- Declare o amor que você tem por Ele.
- Procure meditar no amor que Deus tem por você, enquanto ora.
- Não tente impressioná-lo com palavras, seja simples.
- Faça desse texto a sua oração.

Dinâmica

1. Leia o 1º capítulo do evangelho de Lucas e descreva o que chamou a sua atenção.

_____
_____
_____
_____
_____

2. Lucas 1.18 "... Como vou saber se isso é verdade?"
Baseado nesse verso, comece a prestar atenção aos sinais de Deus na sua vida: lugar que você vive, talentos que possui, sinais, sonhos, conselhos, palavras que recebeu, impressões, situações que está passando, pessoas que conheceu...

Aprendemos que descobrir o "não eu" é a chave para descobrirmos o "eu" e, assim, o propósito que Deus tem para as nossas vidas. Com este entendimento, destaque áreas da sua vida que podem estar desajustadas, por você estar sendo ou fazendo aquilo que não foi chamado para ser ou fazer. Anote aqui.

_____
_____
_____
_____
_____

3. O que você acha que muda na vida de uma pessoa que passa a ter consciência de que é alvo do amor de Deus?

_____
_____
_____
_____

4. Para você, qual é a grande diferença entre uma pessoa que entende ser amada por Deus e uma pessoa que não tem esse entendimento?

_____
_____
_____
_____

FELIZ COM A PORÇÃO QUE DEUS TEM PARA MIM

CAPÍTULO 4

"Se você não está contente com o que tem, ainda não estaria satisfeito se tivesse o dobro." (Charles Spurgeon)

Eu creio que a citação de Spurgeon é pontual para os nossos dias. O atual cenário mundial, seja no aspecto político, religioso, financeiro ou sociocultural, é crítico e traz uma forte tensão sobre a humanidade em geral. Essa tensão é crescente e tem gerado um enganoso senso de valor, fazendo com que as pessoas procurem satisfação em coisas perecíveis, passageiras, em vez de buscarem o contentamento no Criador. O contentamento é a capacidade de estar feliz, alegre e satisfeito não apenas com o que se tem, mas com o simples fato de ser. No livro de Filipenses, Paulo fala sobre isso.

> Digo isto, não por causa da pobreza, porque aprendi a viver contente em toda e qualquer situação. Tanto sei estar humilhado como também ser honrado; de tudo e em todas as circunstâncias, já tenho experiência, tanto de fartura como de fome; assim de abundância como de escassez; tudo posso naquele que me fortalece. (Filipenses 4.11-13)

Paulo diz no texto que aprendeu, por experiência própria, a viver com contentamento em toda e qualquer situação. Quando ele escreveu essa carta, estava preso e passando por diversas provas exteriores e interiores e, ainda assim, podia se regozijar. Ele revela, na carta aos Filipenses, que a fonte da sua alegria e contentamento não estava nas circunstancias, mas em uma Pessoa, Cristo. Por isso, não se deixava abater pelas duras circunstâncias que estava enfrentando.

O problema de colocarmos o nosso contentamento em coisas passageiras é que, quando elas acabam, nós precisamos ir em busca de coisas novas. Pense no consumismo – as pessoas sempre estão gastando e comprando, dizendo que precisam ter algo, comer algo, mas nunca estão satisfeitas, e, por isso, acabam gastando em excesso com a desculpa de que precisam de algo para se sentirem realizadas.

Só encontramos a verdadeira e permanente satisfação quando conhecemos Jesus como o nosso tudo, e não como uma opção diante de um momento difícil da nossa vida.

A porção que o Pai tem para você está muito além de coisas corruptíveis e materiais. Ele é a sua porção. Nele temos vida, pois Ele é a vida; n'Ele temos direção, pois Ele é o caminho; n'Ele temos compreensão da verdade, pois Ele é a verdade. Nada além de Jesus será capaz de satisfazê-lo. O amor que Ele derramou sobre você, por intermédio do Espírito Santo (Romanos 5.5), é maior que amor de irmãos, amigos, filhos, pais e do cônjuge.

Ele quer ser a sua porção diária, o seu pão de cada dia. Ele é o pão sem fermento; a fonte que jorra água pura; o escudo que nos protege; a rocha inabalável; o lugar de refúgio; o pastor de nossos corações; o amigo que não nos decepciona; o Pai que não se omite, mas provê sustento, alento, segurança e indica o destino. Ele também é o noivo que nos ama com amor sacrificial; o servo que carregou o nosso fardo e em troca deu o seu fardo que é leve; o cordeiro mudo que foi para o madeiro e levou os nossos pecados e medos. Ele é a Palavra que transforma e que dá vida, conselhos seguros e amparo em todo tempo. Ele é a luz que nos guia; é o Rei justo e todo poderoso que não nos deixa desistir diante do medo. Ele é Senhor e dono de todas as coisas. Ele é tudo o que falta em todos e tudo o que todos precisam. Ele é sempre bom, sempre presente. Ele é o amor, o perdão, a sabedoria. Ele é o autor de tudo, simplesmente Ele é Deus.

Quando O conhecemos, nós nos contentamos na Sua pessoa. Por isso, você verá inúmeras vezes Deus dizendo: "Glorifique a mim! Adore somente a mim! Clame a mim! Louve a mim! Deus não precisa de adoração para continuar sendo Deus, Ele é suficiente. A razão de Deus dizer para olharmos para Ele e O adorarmos é porque sempre nos tornaremos parecidos com aquilo que adoramos.

Prata e ouro são os ídolos deles, obra das mãos de homens. Têm boca e não falam; têm olhos e não veem; têm ouvidos e não ouvem; têm nariz e não cheiram. Suas mãos não apalpam; seus pés não andam; som nenhum lhes sai da garganta. Tornem-se semelhantes a eles os que os fazem e quantos neles confiam. (Salmos 115.4-8)

Como eles se tornam os que os fazem, e todos os que neles confiam. (Salmos 135.18)

O significado da palavra fã é fanático. Fã é uma pessoa dedicada a expressar a admiração que possui por um indivíduo, ideia, esporte, grupo ou até mesmo um objeto inanimado, como carros ou computadores.

O estilo de vida é algo que se adapta ao objeto de admiração: a maneira de se vestir, de se comunicar, as pessoas com quem andam e lugares que frequentam. Do mesmo modo, Deus está falando que, se adoramos algo ou alguém, vamos nos tornar iguais a esse objeto de adoração. Por isso, precisamos analisar se de fato estamos adorando a Deus por meio dos valores que cultivamos e do estilo de vida que estamos expressando.

Paulo mudou radicalmente depois do encontro que teve com Deus. É importante ressaltar que ele era um religioso e sempre foi um homem dedicado a Deus, porém os valores que Paulo expressava não estavam de acordo com os genuínos valores descritos na Lei. À vista dos homens, Estêvão tinha menos conhecimento intelectual que Paulo, suas credenciais e formação acadêmica também eram inferiores a de Paulo. Todavia, o encontro que Estêvão teve com Deus era muito mais profundo e radiante do que o de Paulo. Só vivemos à procura daquilo que ainda não encontramos, não é verdade? Estêvão, mesmo diante das perseguições, abusos e dores sofridas, que acabaram lhe custando a vida pelas convicções que carregava, em nenhum momento mudou o seu comportamento e sua brandura. Paulo, pelo contrário, precisou participar da morte de um santo e ter um encontro provocado por Jesus, no meio do caminho de uma expedição que planejava destruir outros santos e fiéis a Deus, para entender quem Ele era.

A maior escola do maior apóstolo de todos os tempos deu-se por causa da vida de um piedoso e humilde homem chamado Estêvão, que não alcançou tudo o que Paulo viria alcançar, mas que sabia quem Ele era em Deus e tinha a convicção de que sua porção era simplesmente amar a Deus e depositar em Suas mãos de amor, a sua vida.

> Em verdade, em verdade vos digo: se o grão de trigo, caindo na terra, não morrer, fica ele só; mas, se morrer, produz muito fruto.
> (João 12.24)

Não é sobre nós, é sobre Ele

Qual é a sua porção? Não meça o seu sucesso baseado nos valores do mundo. A vida com Deus é diferente. Não podemos ler sobre Deus, falar sobre Ele, e viver da nossa própria maneira. Aceitá-lo em nossa vida é deixar que Ele nos conduza. Ele nos criou e sabe o que, de fato, é melhor para nós. E é somente quando depositamos n'Ele essa confiança que podemos desfrutar das insondáveis e profundas riquezas que Ele tem para cada um de nós.

É admirável ver um perseguidor de cristãos tornar-se um homem tão cheio da graça e do amor de Deus. Que esse mesmo amor possa nos inundar a cada dia, levando-nos a transbordar de alegria na presença de Deus.

Diferenças culturais

Morando há 28 anos no Japão, aprendi algumas lições importantes sobre diferenças culturais. Entre tantas virtudes que o povo japonês possui, quero destacar duas que me chamam muito a atenção: educação e tenacidade. O Japão, na sua maioria religiosa, é xintoísta e budista, tendo, assim, uma porcentagem muito baixa de cristãos.

Como brasileiro, amo a minha pátria. E, embora todos saibamos que o Brasil tem passado por crises internas em muitos aspectos da sociedade, tenho orgulho de afirmar que sou brasileiro. Mas a verdade é que, por residir há muitos anos no Japão, quando viajo para o Brasil, é como se estivesse fora da minha casa. Isso me faz perceber que dentro de mim existem duas nações, aliás três: Brasil, Japão e a Pátria Celestial.

O arquipélago japonês possui reconhecimento mundial por suas diversas qualidades exóticas. A culinária é uma entre tantas. O *washoku*, como é denominada a comida japonesa, foi considerada recentemente como Patrimônio Cultural Imaterial da Humanidade pela Unesco devido às suas qualidades, que mesclam beleza na sua ornamentação, sabor agradável, harmonia e alimentos altamente saudáveis.

As mudanças políticas e sociais foram as principais causas do desenvolvimento, ao longo dos séculos, dessa culinária tão renomada no mundo gastronômico. O que também atrai milhões de turistas anualmente ao Japão são os castelos e locais antigos, preservados de maneira impecável, com histórias que mostram interessantes aspectos da cultura nacional. A organização, educação e disciplina deste povo são tão atraentes quanto seu desenvolvimento tecnológico. No entanto, outras características só podem ser percebidas quando vivenciadas ao longo do tempo. E é por isso que residindo aqui tenho enxergado muito mais do que é de senso comum acerca do Japão. São outras características admiráveis, e não admiráveis, perceptíveis apenas por quem está imerso na cultura e nos costumes locais.

É importante ressaltar que, em qualquer nação, o estilo de vida e a cultura são desenvolvidos e formados pelos mais variados fatores. O espaço geográfico, por exemplo, é um deles. A localização de um país influencia no tipo de alimentação, vestuário, trabalho, religião, entre outros. Você pode pensar: Será que a geografia de um país tem poder para exercer tanta influência assim? Qual foi a ordem de Deus para o povo de Israel antes de entrarem na terra prometida?

No terceiro mês da saída dos filhos de Israel da terra do Egito, no primeiro dia desse mês, vieram ao deserto do Sinai. Tendo partido de Refidim, vieram ao deserto do Sinai, o qual se acamparam; ali, pois, se acampou Israel em frente do monte.

> Subiu Moisés a Deus, e do monte o SENHOR o chamou e lhe disse: Assim falarás à casa de Jacó e anunciarás aos filhos de Israel: Tendes visto o que fiz aos egípcios, como vos levei sobre asas de águia e vos cheguei a mim. Agora, pois, se diligentemente ouvirdes a minha voz e guardardes a minha aliança, então, sereis a minha propriedade peculiar dentre todos os povos; porque toda a terra é minha; vós me sereis reino de sacerdotes e nação santa. São estas as palavras que falarás aos filhos de Israel. (Êxodo 19.1-6)

Aqui começa a terceira grande seção do livro de Êxodo, que vai dos capítulos 19 a 24. Depois de terem saído do Egito pela mão forte de Deus que os tirou de lá, os israelitas chegaram ao pé do monte Sinai, onde permaneceram por quase um ano (Números 10.11-12). Durante esse tempo, receberam os Dez Mandamentos e as outras leis que regeriam a vida deles como o povo de Deus. Agora eles estão em um novo espaço geográfico, respirando novos ares, comendo outro tipo de alimento, vivendo em moradias diferentes e, por fim, recebendo as diretrizes em forma de mandamentos para viverem de acordo com os padrões divinos. Deus desejava que Israel fosse uma nação Real, com costumes e valores do Céu para influenciar as demais nações da Terra com os padrões de Reino. Para isso, Deus os tirou de um lugar onde eram influenciados por uma cultura pagã e os conduziu ao deserto antes de levá-los para a terra de Canaã. No deserto, os judeus deveriam passar por um processo de desintoxicação em todos os níveis, a fim de aprenderem a confiar em Deus e viverem um estilo de vida totalmente novo. O trabalho foi árduo, pois seus hábitos não eram como os dos egípcios. Quando passaram por dificuldades no deserto, mesmo depois de terem visto os milagres que Deus operara, murmuravam e pediam para voltar à velha vida.

Para mim, é possível entender tudo isso pelo fato de eu morar em uma nação diferente da minha terra natal. Às vezes, quando vejo a rigidez implacável dos japoneses em áreas que poderiam ser mais flexíveis, sinto desejo de fugir para o Brasil. Mas quando vejo a injustiça, a corrupção e a desigualdade social que assola o Brasil, quero permanecer no Japão. Nós somos assim, sempre queremos o que é bom de cada lugar. Mas a verdade é que só a Pátria Celestial é perfeita e, enquanto estivermos na Terra, vamos entrar em conflitos e choques com pessoas, culturas e lugares. Nessas horas, precisamos saber quem somos em Deus e qual a porção que Ele reservou para cada um de nós, pois só assim não seremos pessoas cheias de inveja e rancor. A nossa pátria verdadeira não está nesta Terra, mas no Alto. Compreender a sua origem ajuda a definir quem você é, por isso pare de reclamar agora mesmo do seu passado, viva intensamente o seu presente e coloque o seu futuro nas mãos d'Aquele que tem o melhor para a sua vida em todos os momentos e áreas.

Pense nisso

Tudo o que Deus requer de você Ele já colocou dentro de você! Ele não está pedindo o que você não possui. Leia o que Paulo diz:

Cada um contribua segundo tiver proposto no coração, não com tristeza ou por necessidade; porque Deus ama a quem dá com alegria. Deus pode fazer-vos abundar em toda graça, a fim de que, tendo sempre, em tudo, ampla suficiência, superabundeis em toda boa obra. (2 Coríntios 9.7-8)

Que texto maravilhoso temos aqui! Deus não nos obriga a fazer a Sua obra, ainda que Ele tenha poder para isso. Ele conta com a nossa disposição, amor e voluntariedade para levar adiante o Seu reino. Quando alcancei isso, entendi que morar no Japão todo esse tempo não fez de mim um japonês; assim como apenas frequentar uma igreja não me torna um filho de Deus.

Meditando na história dos israelitas, podemos perceber que Deus não nos chamou para algo que Ele não seja capaz de realizar e sustentar. Quando abraçamos o nosso chamado de vida, sentimos satisfação e prazer, ainda que as adversidades venham e as tribulações tentem nos desanimar. Infelizmente não gostamos do processo que nos conduz à maturidade e, por sermos imediatistas na maioria das situações, acabamos parando no meio do caminho, não recebendo todas as bênçãos e dádivas que Deus guarda para nós.

Eu não sou um japonês. Aceitar essa realidade foi libertador para mim e me ajudou a entender a minha contribuição para o Reino como brasileiro nesta nação. A pressão que eu mesmo imprimia sobre mim por causa das demandas da cultura japonesa ficou mais suave depois que Deus ministrou esses princípios ao meu coração. Saber quem eu não era me fez entender que muitas coisas pelas quais eu me cobrava, na verdade, eram conceitos errados que eu próprio criei e firmei ao longo dos anos por causa de inúmeras situações que eu vivi.

Abrace o seu chamado sendo quem você foi desenhado para ser pelo Pai Celestial. Estar fora de contexto pode levá-lo a descobrir quem você não é. Em seguida, você só precisa ser você mesmo e permitir que aquilo que arde no seu coração contagie a vida de pessoas que estão ao seu redor. Essa é a sua porção! Lembre-se, fogo atrai fogo! Seja apaixonado e atrairá pessoas sedentas de paixão por Deus!

Dentro do propósito de Deus para você há plenitude e contentamento. Não busque do lado de fora o que Ele já colocou dentro de você. Em busca da felicidade exterior, muitos se perdem. A alegria verdadeira é fruto do Espírito (Gálatas 5.22-23). O amor é a base de tudo e a alegria, que vem do Senhor, é o combustível que nos impulsiona a continuar fazendo a obra que Deus tem para as nossas vidas.

> Vão agora para casa e façam uma festa. Repartam a sua comida e o seu vinho com quem não tiver nada preparado. Este dia é sagrado para o nosso Deus; portanto, não fiquem tristes. A alegria que o SENHOR dá fará com que vocês fiquem fortes. (Neemias 8.10 – NTLH)

Essa passagem relata um momento histórico na restauração de Jerusalém. Após os 70 anos de exílio, o povo estava reunido em Jerusalém para oferecer um culto ao Senhor. Esdras, o sacerdote, colocou-se no púlpito e abriu as Escrituras diante de toda a nação e começou a explicar os mandamentos de Deus. Enquanto Esdras pregava, o povo era convencido do seu pecado. A consciência espiritual lhes revelava o motivo do cativeiro, que era a desobediência, e isso gerava quebrantamento.

O desejo de Deus é que sejamos conscientes de nossos pecados e decididos a pedir perdão. O primeiro sentimento que Deus gerou no coração do povo foi de grande tristeza, de profunda culpa, por saberem que tudo o que estava escrito na Lei lhes sobreviera em razão do viver pecaminoso deles e, especialmente, de seus pais. Mas, aqui, aprendemos que a tristeza do arrependimento gerada por Deus não produz abatimento e morte, mas alegria plena e satisfação. Quando reconhecemos que o pecado deve ser confessado e deixado, temos nisto motivo para nos alegrarmos em Sua presença. O arrependimento gera alegria verdadeira.

> Não entres na vereda dos perversos,
> nem sigas pelo caminho dos maus. (Provérbios 4.14)

A Palavra nos adverte a não nos enveredarmos pelo caminho dos maus, pelo caminho daqueles que valorizam o que é exterior, que buscam as aparências. Fomos criados por Deus para cumprir um propósito muito mais elevado. Devemos assumir a nossa identidade em Cristo. O Pai Celestial não nos criou ao acaso. Ele nos fez segundo a Sua imagem e semelhança; somos a Sua obra-prima. Adão, ao ser criado por Deus, tinha inúmeras responsabilidades e diversas oportunidades de se satisfazer, mas o objetivo principal era o encontro diário com Deus, o seu Criador.

> Quando ouviram a voz do SENHOR Deus, que andava no jardim pela viração do dia, esconderam-se da presença do SENHOR Deus, o homem e sua mulher, por entre as árvores do jardim. (Gênesis 3.8)

A síndrome de Adão, que é essa tendência à desobediência que herdamos do primeiro Homem depois da queda, continua viva e determinante dentro dos nossos corações. Temos buscado a verdade através do experimento, em vez da entrega e obediência a Deus. Outra atitude que é fruto de um coração inclinado ao pecado é a mania de fazermos comparações. Precisamos tomar cuidado com isso. Muitos se sentem desanimados pela sensação de insucesso no ministério, na carreira profissional, nos relacionamentos e tantas outras áreas porque comparam o seu desempenho pessoal com o de outras pessoas. Nós precisamos assumir o padrão que Deus estabeleceu para nós e, assim, avaliar o nosso sucesso em qualquer área da vida. O nosso êxito só pode ser medido pelos padrões de Deus, e não pelos padrões que a sociedade impõe.

> Confia ao SENHOR as tuas obras,
> e os teus desígnios serão estabelecidos... (Provérbios 16.13)

Contentamento é um sentimento que só alcança quem anda com Deus. Somente n'Ele é possível mensurarmos o valor exato das coisas. Já vimos que mundo está pautado em valores que foram distorcidos, por isso precisamos sempre correr para o Criador e olharmos através dos olhos d'Ele para que os Seus desígnios sejam estabelecidos em nós.

Desfrute e se alegre com a porção que Deus reservou para você! Aprender a lei do contentamento é fundamental para aqueles que desejam alcançar um nível mais profundo de revelação da parte de Deus.

Aprendendo com Deus

As pessoas que visitam o Japão, ou que só conhecem de ouvir falar, admiram a educação, a disciplina, a ornamentação, a limpeza, a beleza, o respeito, a tecnologia de ponta...

No entanto, o Japão é um país tão carente do amor de Jesus, que as próprias estatísticas apontam isso. Mais de trinta mil pessoas cometem suicídio anualmente devido ao *bullying* e à depressão. O Japão é um dos países onde a discriminação, a prostituição e as doenças mentais possuem os maiores índices do mundo. A solidão é um fator muito preocupante aqui, levando milhões de pessoas a viverem tristes e desesperançadas. Nos últimos anos, por ter uma das mais elevadas taxas de suicídio do mundo, essa questão ocupou uma importante visibilidade na mídia, sendo motivo de discussão pública.

Por causa da influência do xintoísmo e do budismo, religiões predominantes no Japão, para os nativos, a morte é considerada apenas uma passagem para outra existência. Quando eu era adolescente, no condomínio onde eu morava, todos os anos algumas pessoas se suicidavam se jogando dos prédios. Na escola, era comum ouvir de alunos e professores que também tiravam suas próprias vidas. Eu cresci nesse meio, por isso, com o tempo, acabei aceitando como algo normal da cultura japonesa. Na minha família, ainda quando eu estava no Brasil, ocorreu um caso de suicídio também. Só quando eu aceitei Jesus e conheci o seu amor, pude entender, pela Palavra, que a causa de tudo isso vai muito além do aspecto cultural e religioso.

Estudando um pouco mais sobre o motivo dessas mortes, pude perceber que o desemprego, a depressão, o *bullying*, o *stress* e as pressões sociais levam milhares de japoneses a tirarem suas vidas. Recentemente, a polícia japonesa exortou o governo, as administrações locais e as diversas instituições privadas a trabalharem em conjunto para implementarem medidas preventivas eficazes para evitar o suicídio, principalmente entre os mais jovens e os estudantes. No Japão, errar uma vez é ter sua vida condenada para sempre, ao menos, é o que se ocorre em sua maioria. Há um comportamento extremo entre os japoneses, pois tudo o que fazem, geralmente, é "perfeito", difícil de acompanhar ou entender. Por isso, as pessoas que não se enquadram nos padrões que a sociedade exige sofrem muita humilhação e *bullying*, entrando em depressão e, por fim, tirando suas próprias vidas. Não apenas no Japão há racismos e preconceitos, mas aqui a situação pode realmente chegar ao extremo.

Estou falando como alguém que vive no Japão há 28 anos. Amo esta nação de todo o meu coração, mas sei que, por melhor que seja um lugar, se Jesus não for o fundamento de todas as coisas, ainda que tenhamos muitas qualidades e sejamos bem-sucedidos em muitas áreas, não encontraremos a felicidade e o contentamento, que só encontramos no amor de Jesus.

Ao estudar o ministério de João Batista, pude ver com mais clareza a importância de descobrirmos a nossa identidade em Deus para nos tornarmos pessoas resolvidas. João Batista não caiu na tentação de se comparar com ninguém, ele simplesmente foi a voz daquele que clamava no deserto! O ministério de João realmente foi fantástico, mais do que a sua voz, sim, o seu estilo de vida gritava pelo deserto a respeito de Deus. Nas três perguntas que os religiosos fizeram para João, ele foi rápido e preciso nas respostas:

> Então, lhe perguntaram: Quem és, pois? És tu Elias? Ele disse: Não sou. És tu o profeta? Respondeu: Não. (João 1.21)

Dizer não é saudável e importante em inúmeras situações da nossa vida. Eu sei que é difícil ouvir um não, assim como sei que é difícil dizer um não. E os pais o sabem muito bem. Mas observe como o próprio Deus reage aos inúmeros pedidos de oração que fazemos ao longo da nossa vida. Imagine o quão trágico seria se Deus dissesse sim para tudo o que nós pedimos!

Algo que ainda quero compartilhar com você a respeito de João é o seu preparo espiritual, que nos ensina sobre a natureza espiritual do Reino de Deus que estava por vir. Ele era a voz do que clamava no deserto: "Preparai o caminho do Senhor" (Isaías 40.3). Malaquias disse que João haveria de preparar "o caminho diante" do Senhor (Malaquias 3.1-2). O preparo espiritual de João é um indício da natureza espiritual do reino. A apresentação dele para os inúmeros religiosos que vinham de todas as regiões para ouvi-lo era: "Eu não sou o Cristo!". Sua única missão era anunciar a vinda de alguém mais importante do que ele, o Messias prometido a Israel. Ele anunciou a vinda de Jesus por meio de proclamação, de advertência, e conscientizou os judeus sobre a necessidade de arrependimento (Mateus 3.1-10). Muitos judeus foram batizados no rio Jordão por João Batista depois de ouvirem a sua mensagem.

A eficácia do ministério de João Batista é exemplificada no primeiro capítulo do livro do evangelho de João (1.35-37). João Batista preparou dois homens para se tornarem discípulos de Cristo, que mais tarde se tornariam parte do fundamento do reino, no qual todos os santos seriam cidadãos (Efésios 2.18-22). João Batista nunca tentou se colocar na posição de Jesus, ele sempre deixou claro a fragilidade e a curta duração que o seu ministério teria sobre a Terra. João Batista estava consciente e satisfeito com a porção que Deus Lhe havia reservado.

Falando com Deus

Gaste um tempo de qualidade com Deus, orando a Palavra, pois quando oramos as Escrituras oramos a Sua vontade.

> Por esta razão, também nós, desde o dia em que o ouvimos, não cessamos de orar por vós e de pedir que transbordeis de pleno conhecimento da sua vontade, em toda a sabedoria e entendimento espiritual; a fim de viverdes de modo digno do Senhor, para o seu inteiro agrado, frutificando em toda boa obra e crescendo no pleno conhecimento de Deus; sendo fortalecidos com todo o poder, segundo a força da sua glória, em toda a perseverança e longanimidade; com alegria, dando graças ao Pai, que vos fez idôneos à parte que vos cabe da herança dos santos na luz. (Colossenses 1.9-12)

Ao fazer esta oração, fale com Deus na primeira pessoa, lembrando que Ele ouve você.

- Agradeça a Deus pelo amor que Ele tem por você.
- Declare o amor que você tem por Ele.
- Procure meditar no amor que Deus tem por você, enquanto ora.
- Não tente impressioná-lo com palavras, seja simples.
- Faça desse texto a sua oração.
- Peça que Deus lhe dê contentamento com a porção que Ele confiou a você.
- Peça a Deus que lhe dê alegria ao ver a prosperidade na vida dos seus amigos, familiares e irmãos em Cristo.
- Peça entendimento e sabedoria para que você consiga viver da maneira que agrada a Deus.

Dinâmica

1. Há quanto tempo você aceitou a Cristo como único Senhor e Salvador da sua vida?

_____

2. Qual função você exerce na sua igreja local?

_____
_____

3. O que mais arde no seu coração em relação ao serviço a Deus?

_____
_____

4. Se você pudesse fazer algo novo para Deus, o que seria?

_____
_____
_____

5. Quais são os seus dons?

_____
_____
_____
_____

6. O que não arde no seu coração em relação ao serviço a Deus?

_____
_____
_____
_____

7. Se você fosse investir tudo o que tem (tempo, dinheiro, etc.) em algo, no que você investiria?

_____
_____
_____
_____
_____

7. Você está feliz com aquilo que Deus tem para você? Justifique.

_____
_____
_____

REVELAÇÃO PARA VENCER NOSSAS FRAQUEZAS

CAPÍTULO 5

"Não são os grandes homens que transformam o mundo. Mas sim, os fracos e pequenos nas mãos de um grande Deus." (Hudson Taylor)

Depois de algum tempo já familiarizado com a cultura japonesa, conquistei muitos colegas por causa do clube de futebol da escola. Tornei-me um dos artilheiros do time e fiquei como titular absoluto. Além disso, fui chamado para a equipe de corrida para participar das competições regionais. Com pouco tempo, já era o mais rápido da escola, e, com isso, comecei a ganhar prestígio entre os professores e colegas de classe. Porém, logo descobri que muitos dos amigos que eu tinha só se aproximavam por causa desse prestígio, e não porque gostavam verdadeiramente de mim. Fora dos jogos e competições, eles não queriam ser meus amigos. Muitos tinham até vergonha de sair comigo por eu ser estrangeiro. Alguns vinham à minha casa, e iam uns nas casas dos outros, mas não me recordo de nenhuma vez que ter sido chamado para ir à casa deles.

Não estou de modo algum reclamando ou acusando a cultura japonesa, essas coisas acontecem em qualquer lugar do mundo. Você já percebeu que raramente assumimos os nossos erros, sem ressaltar os erros que as pessoas cometeram contra nós? Já percebeu a facilidade que temos de engrandecer pessoas distantes e que são famosas na mídia, enquanto não damos tanto valor às que estão mais próximas e que, de fato, agregam muito a nossa vida? No evangelho de Marcos, Jesus menciona que um profeta não é estimado em sua própria casa. Quando voltou para Nazaré com os seus discípulos, Jesus começou a ensinar na sinagoga. Todos ficaram admirados, mas, em seguida, começaram a questioná-lo por ser ele um carpinteiro, filho de Maria. Por causa disso, eles perderam a oportunidade de desfrutar dos milagres que Jesus queria operar naquele lugar (Marcos 6.1-6).

As experiências me ensinaram a valorizar as pessoas por aquilo que elas são, não pelo que elas possuem. Deus vê cada ser humano com um valor imensurável, todos são importantes, independentemente do seu *status* diante dos homens.

Com tudo o que passei, percebi que, enquanto estava sendo rejeitado, também estava, aos poucos, rejeitando a minha família. Rejeitava o meu irmão, quando o deixava sozinho em casa para jogar bola com os meus "amigos", e aos meus pais, quando não queria mais sair com eles. Comecei a ter vergonha até do carro que tinham, por ser bem mais barato do que os carros dos pais dos meus amigos. Quando me dei conta da pessoa que eu estava me tornando, fiquei assustado, pois tudo o que eu abominava nas pessoas eu estava fazendo.

Paulo, na carta aos Romanos, diz que não compreendia o seu próprio modo de agir, pois não fazia o que preferia, mas o que detestava (Romanos 7.15). O apóstolo entendeu que a procedência da lei era espiritual, mas ele era carnal, vendido à escravidão do pecado. Isso fez com que ele buscasse alguém maior do que ele para ajudá-lo: Cristo! Jesus Cristo é o único capaz de tirar a mim e a você da escravidão do pecado e da morte e nos dar uma lei gerada pelo Espírito, que traz liberdade e vida (Romanos 8).

Não é vergonhoso assumirmos a nossa condição de impotentes e incapazes, mas sim libertador, e o único caminho para a verdadeira salvação. Enquanto estivermos escondidos atrás das nossas razões e justificativas, não poderemos desfrutar da vida que Jesus preparou para nós. Aceite a ajuda de Deus na sua vida e, então, você poderá ajudar outras pessoas a serem libertadas também.

> Ele verá o fruto do penoso trabalho de sua alma e ficará satisfeito; o meu Servo, o Justo, com o seu conhecimento, justificará a muitos, porque as iniquidades deles levará sobre si. Por isso, eu lhe darei muitos como a sua parte, e com os poderosos repartirá ele o despojo, porquanto derramou a sua alma na morte; foi contado com os transgressores; contudo, levou sobre si o pecado de muitos e pelos transgressores intercedeu. (Isaías 53.11-12)

Alegrem-se, meus queridos, Jesus já venceu por nós. Deixe esse jugo e esse fardo tão pesados que você está carregando sozinho. Aceite as suas fraquezas e limitações, pois Ele não se envergonha de você. Entregue nas mãos de Jesus agora mesmo os seus pecados e caminhe em vitória. Talvez você seja uma pessoa sincera e nascida de novo, porém não consegue caminhar em vitória em algumas áreas da sua vida. Talvez, você se encontre sofrendo por falhas repetitivas de caráter, como o vício de fazer compras, do cigarro, da bebida, de entorpecentes, da masturbação, da glutonaria, da fofoca, da pornografia, da mentira, do nervosismo ou outras coisas semelhantes a essas que são consideradas obras da carne (Gálatas 5.19-21).

Por meio da revelação de Jesus para as nossas vidas, podemos vencer. Não é saber somente que Jesus perdoa, que supre necessidades e torna a vida mais feliz. O fundamento da Igreja no final dos tempos será a revelação de Jesus sendo totalmente Deus e totalmente Homem, Ele é a exata imagem do Pai.

Jesus é plenamente Deus e plenamente Homem. Essa questão precisa estar bem definida em nossos corações. Enquanto no Antigo Testamento há a ênfase na divindade de Jesus com algumas referências à sua humanidade, os quatro Evangelhos destacam a humanidade de Jesus com algumas referências à sua divindade. Cristo é o centro de todas as coisas e sem o conhecimento d'Ele não podemos alcançar o entendimento de Deus. Nele habita corporalmente toda a plenitude de Deus. Ele se ofereceu como sacrifício perfeito para nos redimir.

> Ele, que é o resplendor da glória e a expressão exata do seu Ser, sustentando todas as coisas pela palavra do seu poder, depois de ter feito a purificação dos pecados, assentou-se à direita da Majestade, nas alturas. (Hebreus 1.3)

O sacrifício de Jesus

> ... assim também Cristo, tendo-se oferecido uma vez para sempre para tirar os pecados de muitos. (Hebreus 9.28a)

Só existe uma maneira de escapar da condenação eterna conforme a Bíblia ensina:

> ... sem derramamento de sangue, não há remissão, perdão de pecado. (Hebreus 9.22)

Quando um pecado era cometido, no Antigo Testamento, um animal tinha de ser oferecido como sacrifício no altar. O sacerdote orava transferindo o pecado da pessoa para um animal e, em seguida, degolava o animal em oferta ao Senhor.

Por meio do sacrifício, Deus nos ensina duas verdades básicas: primeira – que o pecado deve ser punido; e segunda

– que o pecador pode ser liberto da culpa se outro for punido em seu lugar.

> Pois também Cristo morreu, uma única vez, pelos pecados, o justo pelos injustos, para conduzir-vos a Deus ... (1 Pedro 3.18a)

Cristo, o unigênito de Deus, tomou sobre si os nossos pecados, padeceu na cruz para pagar o preço exigido pela Lei de Deus. Libertos dos pecados, nós, como filhos de Deus, podemos andar em vitória pela fé em Cristo Jesus.

> Esta é a aliança que farei com eles, depois daqueles dias, diz o Senhor: Porei no seu coração as minhas leis e sobre a sua mente as inscreverei, acrescenta: Também de nenhum modo me lembrarei dos seus pecados e das suas iniquidades, para sempre. Ora, onde há remissão destes, já não há oferta pelo pecado. (Hebreus 10.16-18 – ARC)

Tome posse da sua liberdade em Jesus e aprofunde-se em conhecê-lo acima de todas as coisas. Sua busca por Jesus o levará ao conhecimento da verdade.

A revelação da graça

Para a construção de um edifício, são necessários planejamento, orçamento, mão de obra, escolha do material, profissionais do ramo, licenças, entre outras ações. Da mesma maneira, para que a sua identidade seja formada em Deus e você se torne um filho maduro, é imprescindível a revelação.

O Criador do Universo não faz nada por acaso e é organizado em todas as suas obras. Todas as coisas acontecem dentro do seu tempo, tudo que Ele faz é perfeito. Ele é o grande arquiteto da vida, desenhou todo o Universo minuciosamente. As galáxias, as estrelas, o Sol, a Lua, os planetas, a Terra e tudo o que existe nela foram criados para a glória d'Ele.

Assim também é com a nossa vida. Tudo o que passamos, fazemos, vimos ou ouvimos, as experiências positivas ou negativas, o meio sociocultural em que crescemos, situações, poder aquisitivo, oportunidades que surgiram em nossas vidas moldam e formam a nossa personalidade como um ser social. Quando entendemos o fato de que nascemos para a glória de Deus, deixamos de viver enclausurados nos problemas e sofismas que o homem natural se prende. Esse é o grande abismo que separa os homens espirituais – aqueles que servem a Deus, dos homens naturais – aqueles que vivem para si mesmos.

> João testemunha a respeito dele e exclama: Este é o de quem eu disse: o que vem depois de mim tem, contudo, a primazia, porquanto já existia antes de mim. Porque todos nós temos recebido da sua plenitude e graça sobre graça. Porque a lei foi dada por intermédio de Moisés; a graça e a verdade vieram por meio de Jesus Cristo. (João 1.15-17)

Mostrar graça é estender favor a alguém que não merece, e que jamais pode adquiri-la por seus próprios recursos. Sempre que falamos de graça, é necessário entender que ela é imerecida. A graça é um dom que Deus estende por bondade.

Para entendermos melhor esse princípio, podemos olhar para Ana, que por meio da graça de Deus abençoou a nação de Israel dando à luz a Samuel. Porém, antes de receber o milagre, ela trilhou um longo e árido caminho. Mas foi forjada por Deus e se tornou uma mulher espiritual que aprendeu a andar segundo a vontade d'Ele. Ana foi chamada para ser a pessoa chave dentro do processo do nascimento e preparação do grande profeta Samuel. Foi em um tempo de angústia e de aflição que uma nova história foi escrita. Em tempos como esse, precisamos de uma revelação específica de Deus para compreendermos a Sua vontade em nossas vidas.

Ana significa "graça". O fruto da graça em nossas vidas é realmente surpreendente. O homem espiritual depende exclusivamente da graça de Deus em sua vida. A graça é gerada à medida que dependemos de Deus e o buscamos em oração, para a realização do seu propósito em nossas vidas. O "ego" é o fator principal que ofusca o brilho da maravilhosa graça de Deus.

> Mas, pela graça de Deus, sou o que sou; e a sua graça para comigo não foi vã; antes, trabalhei muito mais do que todos eles; todavia, não eu, mas a graça de Deus, que está comigo. (1 Coríntios 15.10)

Uma geração de filhos maduros que manifestam a glória de Deus só terá condições de prevalecer e cumprir o propósito de Deus nos últimos dias da Igreja aqui na Terra se estiver alicerçada na graça de Deus, permanecendo no Evangelho, trabalhando em favor do Reino.

Agir com graça é colocar inteira confiança em Deus e depender d'Ele em cada ação que realizamos. Não podemos mais viver engessados num pensamento de que tudo que possuímos é mérito pessoal ou obra da bondade que existe em nossos corações. A verdade é que Deus é bom. Não existe bondade, amor, salvação, liberdade, realização e vida abundante fora d'Ele.

Paulo nos orienta a estarmos fortificados na graça do Senhor Jesus Cristo. Sem a devida compreensão da suprema grandeza da graça, seremos uma geração legalista, e nos faltará o amor de Deus. Por isso, muitos movimentos surgem hoje e desaparecem amanhã. Desabam como torres mal-acabadas porque não possuem o amor de Deus. São grandes e belas, mas sem vida. A graça nos sustenta de pé. Não conseguiremos permanecer firmes em Deus sem a sua devida compreensão.

Ana, aquela mulher estéril que passou por dias de aflição e angústia, mas sempre persistindo em oração pelo milagre, orou e chorou por muito tempo para que Deus lhe desse um filho. Sim, a vida de Ana não foi sempre um mar de rosas. As rosas, ainda que belas e perfumadas, também têm seus espinhos e, muitas vezes, os espinhos são necessários para nos elevar a um novo nível de fé.

A Bíblia diz que o marido de Ana, Elcana, que em hebraico significa "Deus tem protegido", era um homem que demonstrava um amor especial por ela. Ele realmente a amava e se importava com a sua felicidade, mas não lhe cobrava filhos. No entanto, Penina, a outra mulher de Elcana, sabendo do desejo e da impossibilidade de Ana gerar filhos, usava isso para irritá-la. Naquela época, uma pessoa estéril era julgada pela sociedade como pecadora. A esterilidade era vista como um ato do julgamento divino sobre a pessoa (1 Samuel 1.6). Mesmo sofrendo constantemente as afrontas de sua rival, Ana não esmoreceu.

Saiba, portanto, que sempre que houver "Peninas" para lhe afrontar, Deus colocará "Elcanas" para protegê-lo e ajudá-lo nas suas necessidades.

Deus não deu simplesmente um filho a Ana, ele lhe deu um filho profeta. Samuel nasceu para colocar um ponto-final na situação em que Israel vivia. Ele se tornou um homem sensível à voz de Deus. Penina teve diversos filhos, mas a Bíblia não menciona quase nada sobre eles. No entanto, Samuel marcou a sua geração, sendo destaque até os dias atuais.

Podemos perceber o quanto é importante entendermos o tempo em que estamos vivendo, e discernirmos o que Deus requer de nós neste tempo.

Ana sabia exatamente o que pretendia quando fez um voto de compromisso e gratidão para com o Senhor e quando apresentou a Ele o seu maior pedido:

> E fez um voto, dizendo: SENHOR dos Exércitos, se benignamente atentares para a aflição da tua serva, e de mim te lembrares, e da tua

serva te não esqueceres, e lhe deres um filho varão, ao SENHOR o darei por todos os dias da sua vida, e sobre a sua cabeça não passará navalha (I Samuel 1.11)

Ana, por que choras?

E assim o fazia ele de ano em ano; quando ela subia à Casa do Senhor, assim a outra a irritava; *pelo que chorava e não comia.* Então, *Elcana, seu marido, lhe disse: Ana, por que choras?* E por que não comes? E por que está mal o teu coração? Não te sou eu melhor do que dez filhos? (1 Samuel 1.7-8 – ARC – grifos do autor).

Muitos homens e mulheres de Deus estão como Ana, gemendo em seu interior. Infelizmente, a maioria não entende o que vem a ser isso. Assim como Elcana não entendia, as pessoas que estão ao seu redor nem sempre vão entender. Elcana esperava que Ana ficasse satisfeita, afinal ele sempre fora um marido exemplar. Mas a satisfação de Ana não era completa apenas por ter um esposo como ele. Ela precisava de algo mais, ou seja, enquanto o anseio do seu coração não fosse suprido, ela não ficaria em paz. Esse desejo ardente de gerar uma criança estava além de sua compreensão. Mais do que um desejo, ter um filho era o chamado de Deus para a vida daquela serva humilde que se encontrava aflita por não engravidar. O Senhor lança uma semente em nossos corações, e essa semente cresce à medida que é regada pelas lágrimas de experiências boas e ruins que vivenciamos ao longo dos anos. Conforme crescemos espiritualmente, Deus libera sabedoria e discernimento espiritual para que possamos concluir a nossa missão.

Algo mais sublime

Existem líderes satisfeitos com as estruturas que construíram, com o grande rebanho que possuem, e até mesmo com o salário que recebem. Todavia, existem aqueles que, como Ana, não estão satisfeitos e querem mais de Deus. São homens e mulheres que clamam por mais do Senhor e desejam ir a um lugar mais alto em sua presença.

Eu creio que Deus usará esse grupo de pessoas famintas por mais do Pai, insatisfeitas com o sistema atual, que clamam por uma reforma. Então, a glória de Deus inundará a Terra, trazendo transformação para que as nações reconheçam que não existe nenhum nome além do Nome de Jesus.

Um grande mover do Espírito Santo está para acontecer nestes dias. Deus tem inflamado o coração de pessoas por todo o planeta, pessoas que não se conformam com a corrupção, a idolatria e o secularismo da Igreja; servos que não dependem do favor de homens, pois são cordeiros preparados para caminharem em direção ao matadouro; servos conscientes de que precisam recusar as ofertas de Satanás e se posicionar como arautos do Rei dos Reis e Senhor dos Senhores; gente que não se intimida diante das ameaças do inferno, mas declara a verdade.

> E, naqueles dias, apareceu João Batista pregando no deserto da Judeia e dizendo: Arrependei-vos, porque é chegado o Reino dos céus. Porque este é o anunciado pelo profeta Isaías, que disse: Voz do que clama no deserto: Preparai o caminho do Senhor, endireitai as suas veredas. (Mateus 3.1-3)

Não podemos nos contentar em sermos apenas um eco no deserto. João Batista era "a voz do que clamava no deserto". Precisamos ser uma voz que todos ouçam. A nossa mensagem deve ser uma palavra que venha do coração do Pai para o coração do Homem.

> Há duas formas de enfrentar dificuldades: alterá-las ou alterar sua maneira de enfrentá-las. (Phyllis Bottome)

Muitos param onde Ana continuou. Ela rompeu o natural e, por isso, conseguiu ver o sobrenatural de Deus. Ela poderia ter se conformado com a declaração de amor de seu marido, mas não, foi além.

Infelizmente muitos cristãos agem totalmente ao inverso de Ana. Desistem diante das dificuldades ou se deixam levar pelo comodismo. O conforto, as riquezas, as regalias e os privilégios que possuem os impedem de avançar e experimentar as promessas de Deus. Saiba de uma coisa: o Diabo não precisa tirá-lo da igreja para desvirtuá-lo da vontade de Deus.

Hoje o mundo *gospel* oferece de tudo para os crentes. A vida cristã está perdendo o brilho da glória de Deus para outro muito perigoso: o brilho da fama! Classifico isso com três verbos: poder, ter e sentir. Ser cristão, em muitos países, tornou-se *status*, e há até troféu para quem canta melhor. Precisamos voltar às nossas origens se não quisermos cair no laço do engano. O inimigo sempre vai nos oferecer algo que nos roube o tempo, seduza e satisfaça a nossa vontade carnal.

Há três lições importantes para os cristãos de hoje, que podem ser extraídas da história do povo judeu. A primeira é: Deus requer de Seu povo uma vida de separação e santificação. A segunda é: se falharem em fazê-lo, certamente serão atraídos à mesma idolatria que governa a vida dos ímpios. A terceira implica que, se isso acontecer, Deus permitirá que seu povo seja oprimido pelas pessoas com que se misturaram e comprometeram seu testemunho. O inequívoco mandamento de Deus ao seu povo é: aparte-se e renuncie ao estilo de vida dos que têm parte com o reino das trevas. (Steve Gallagher)

Ouça a voz de Deus falando ao seu coração e troque o conforto, a segurança das riquezas e todas as demais coisas pelo amor de Cristo. Faça valer a pena a vida que o Criador lhe deu. Não desperdice tempo com as coisas deste mundo. Jesus morreu por nós, logo precisamos morrer para as nossas ambições.

Busque uma revelação de Jesus e de sua graça! Assim como Ana, procure gerar frutos em áreas que até hoje a esterilidade te dominou.

Aprendendo com Deus

> Portanto, não vos inquieteis com o dia de amanhã, pois o amanhã trará os seus cuidados; basta ao dia o seu próprio mal. (Mateus 6.34)

Que impressionante e profundo é esse texto das Escrituras, pois revela a maneira de Deus trabalhar em nossas vidas: um dia após o outro! Vencer a ansiedade pelo que está por vir e aceitar a porção de graça que Ele tem para você hoje irá ajudá-lo a confiar cada dia mais em Deus. Não se permita ter medo do amanhã. Ele é fiel para cuidar de você, porém concentre-se no hoje. Somente Deus tem o controle sobre todas as coisas, por isso aprender a descansar n'Ele é importante nesse processo de crescimento espiritual. Assim como o maná que Deus fazia chover no deserto para o seu povo diariamente, a graça d'Ele é suficiente para suprir as necessidades que surgirem todos os dias na sua vida. Não desperdice a graça de Deus derramada sobre você preocupando-se com as demandas do amanhã.

Decida entregar suas fraquezas e erros nas mãos dele e você ficará surpreso com o quanto poderá realizar para Cristo.

O inimigo tenta nos fazer olhar para o futuro com desesperança. Esse olhar apenas descortinará a desgraça, a infelicidade, a miséria, a calamidade, mas a Palavra diz que se os seus olhos forem bons, todo o seu corpo será cheio de luz

(Mateus 6.22-23). A Luz mostra a revelação e a revelação de Jesus é tudo o que precisamos.

> Ora, os que haviam sido enviados eram de entre os fariseus. E perguntaram-lhe: Então, por que batizas, se não és o Cristo, nem Elias, nem o profeta? Respondeu-lhes João: Eu batizo com água; mas, no meio de vós, está quem vós não conheceis, o qual vem após mim, do qual não sou digno de desatar-lhe as correias das sandálias. Estas coisas se passaram em Betânia, do outro lado do Jordão, onde João estava batizando. (João 1.24-28)

Os fariseus, um grupo religioso bem conhecido da época, começaram a atacar João Batista perguntado se ele era o Messias. A verdade é que esse grupo de pessoas que foi verificar a pregação de João no deserto não acreditava que ele poderia ser o Messias, eles não tinham a revelação, apenas fizeram a indagação com a finalidade de tentar parar o avanço do ministério dele que arrastava multidões de toda aquela região, para o deserto.

Por saber da sua identidade em Deus, João não se sentiu intimidado com as indagações dos judeus, pois sua missão era clara para ele, e assim, ele prosseguiu, focado e inspirado por Deus.

Ao lermos o relato desse grande homem de Deus, somos levados a refletir sobre as nossas atitudes. Será que não estamos reagindo de maneira errada diante das diversas intimidações e acusações que recebemos no curso da nossa vida? Talvez eu e você não estejamos conseguindo receber uma revelação da parte de Deus sobre nós, porque estamos centrados nas fraquezas e erros das pessoas, e não nos nossos.

> E perguntaram-lhe: Então, por que batizas, se não és o Cristo, nem Elias, nem o profeta? Respondeu-lhes João: Eu batizo com água...
> (João 1.25-26a)

Essa foi a pergunta que eles fizeram a João. A resposta de João não poderia ter sido tão simples: "Eu faço o que qualquer um pode fazer". Ou seja, "Eu batizo com água, o que tem demais nisso?". Com essa brilhante resposta, João calou aqueles religiosos, deixando-os sem reação. A revelação de Jesus o torna sábio para vencer todas as situações que aparecem diante de você.

Penso que nós poderíamos ser mais como João naquilo que somos confrontados. Jesus sempre surpreendia os seus oponentes por não fazer ou falar o óbvio. Hoje é triste ver como as pessoas se expõem nas redes sociais e acabam perdendo a razão por agirem de maneira tão infantil. Precisamos ser mais focados naquilo a que fomos chamados para ser, e nos preocupar menos com aquilo que as pessoas dizem a nosso respeito.

A revelação do noivo

João descreveu o amor de Jesus pela Igreja como o amor de um noivo por sua noiva.

> Respondeu João: O homem não pode receber coisa alguma se do céu não lhe for dada. Vós mesmos sois testemunhas de que vos disse: eu não sou o Cristo, mas fui enviado como seu precursor. O que tem a noiva é o noivo; o amigo do noivo que está presente e o ouve muito se regozija por causa da voz do noivo. Pois esta alegria já se cumpriu em mim. Convém que ele cresça e que eu diminua. (João 3.27-30)

Como já vimos no capítulo 3 do Evangelho de João, Jesus descreveu João Batista como o maior homem nascido de mulher. Ninguém nunca obedeceu a Deus tão consistentemente ou se preparou mais diligentemente para o ministério como João Batista (Mateus 11.11).

Sem dúvida, João sabia desde muito jovem que ele era o precursor do Messias e que seria preparado no deserto como declaravam as Escrituras. Por isso ele dedicou vinte anos de preparação para ter um ministério público de apenas dois anos. Isso, verdadeiramente, é inspirador. Somente uma pessoa que tem uma revelação clara de Deus para a sua vida consegue ser focada a esse ponto. (João 1.22-23).

João descreveu o seu ministério e estilo de vida como o de um amigo do noivo. Como amigo do noivo, o padrinho de um casamento não busca roubar a atenção e os afetos da noiva para ele, mas, sim, prepará-la para receber o abraço do noivo. Paulo falou sobre ministérios e pessoas que pregavam e falavam sobre si mesmos, em vez de falarem de Jesus (2 Coríntios 4.5; Filipenses 2.19-21). Os amigos do noivo são focados em Deus, e não em suas realizações. Uma pessoa que cresce em Deus diariamente vai deixar as suas fraquezas e erros em troca da graça divina para preparar outras pessoas a receberem Jesus como o noivo de suas vidas. Esse era João, ele não estava preocupado com fama, *status* e aprovação de homens. O seu foco era preparar o caminho para o seu Amigo entrar em cena, e, para isso, ele deu a sua própria vida.

A noiva purificada

O livro de Ester, relato profético, começa mostrando a recusa da rainha Vasti em obedecer uma ordem do rei Assuero. Por essa razão, Vasti foi deposta e Ester tornou-se rainha em seu lugar. No entanto, para que a nova rainha chegasse à presença do rei, ela passou por um processo de purificação que levou cerca de um ano.

Ester só foi introduzida à presença do rei depois de estar preparada e adornada para a ocasião. Assim, o rei ficou tão encantado com a beleza daquela órfã judia que a amou completamente. Os judeus que permaneceram na Babilônia não teriam sobrevivido se não fosse a coragem de Ester. Uma das festas mais comemoradas em Israel, a do Purim, não seria celebrada anualmente se essa jovem cheia de fé e coragem não tivesse entendido o tempo de Deus para a sua vida.

Quando os judeus souberam dos planos de Hamã para destruírem a suas vidas, vestiram-se de pano de saco e começaram a orar e jejuar. Então, Mardoqueu enviou uma mensagem à rainha Ester:

... Não pense que pelo fato de estar no palácio do rei você será a única entre os judeus que escapará, pois, se você ficar calada nesta hora, socorro e livramento surgirão de outra parte para os judeus, mas você e a família de seu pai morrerão. Quem sabe se não foi para um momento como esse que você chegou a posição de rainha? (Ester 4.13-14 – NVI)

Ester era a pessoa certa, no lugar certo, no tempo correto! Ela jejuou durante dias e se preparou para ser introduzida diante do rei. A beleza daquela órfã judia não era apenas interior, ela era pura e dócil. Seu perfume exalou por todo o palácio, sua aparência encantou a todos os súditos que viviam diante do rei.

Como Igreja, assim como Ester, precisamos satisfazer as exigências divinas a fim de sermos aceitos pelo Rei. A Igreja está sendo purificada a cada dia para ser introduzida na presença do Rei dos Reis e Senhor dos Senhores. Consagre a sua vida, ofereça um jejum de Ester a Deus, santifique-se e prepare-se de corpo, alma e espírito para o grande encontro, pois em breve ouviremos do céu uma voz como de trombeta dizendo:

> Quem é esta que sobe do deserto, como colunas de fumaça, perfumada de mirra, de incenso e de toda a sorte de pós aromáticos? (Cantares 3.6 – ARC).

Salomão dispôs de sessenta valentes de Israel, armados de espadas, destros na guerra, para levar a sua noiva para Jerusalém numa carruagem construída de madeira do Líbano, com colunas de prata, o estrado de ouro e o assento de púrpura. Da mesma forma, Jesus está preparando uma noiva guiada pelo Espírito, preparando-a com a prata da redenção, refinando-a com o ouro do seu caráter e exaltando-a com púrpura da realeza.

É tempo de decisões radicais, mudanças radicais, vidas radicais.

Falando com o Pai

Neste capítulo, falamos sobre vencer as fraquezas por meio de uma revelação sobre a pessoa de Jesus e da sua graça, por isso quero convidar você a colocar em prática as dicas abaixo:

- Apresente as suas fraquezas e erros diante de Deus hoje mesmo.
- Peça a Deus que o ajude a vencê-las diariamente.
- Não foque nas consequências, mas, sim, na misericórdia e na graça de Deus sobre a sua vida.
- Peça uma revelação pessoal de Jesus como o seu noivo.
- Pense, como amigo do noivo, qual é o papel que você tem desempenhado para que a noiva (Igreja) se volte para Ele?
- Pare de focar nos erros das pessoas e comece a buscar as qualidades que existem nelas.
- Faça uma oração de confissão para Deus e em seguida agradeça-O pelo perdão recebido.
- Ore o texto abaixo, não se esquecendo que a sua identidade precisa estar alicerçada no amor d'Ele.

... para que, segundo a riqueza da sua glória, vos conceda que sejais fortalecidos com poder, mediante o seu Espírito no homem interior; e, assim, habite Cristo no vosso coração, pela fé, estando vós arraigados e alicerçados em amor, a fim de poderdes compreender, com todos os santos, qual é a largura, e o comprimento, e a altura, e a profundidade e conhecer o amor de Cristo, que excede todo entendimento, para que sejais tomados de toda a plenitude de Deus. Ora, àquele que é poderoso para fazer infinitamente mais do que tudo quanto pedimos ou pensamos, conforme o seu poder que opera em nós, a ele seja a glória, na igreja e em Cristo Jesus, por todas as gerações, para todo o sempre. Amém! (Efésios 3.16-21)

Dinâmica

1. Agora que você está mais focado no propósito de Deus para a sua vida, descreva quais serão as suas metas para os próximos seis meses. Ex.: Ler a Bíblia cinco minutos por dia; orar cinco minutos por dia; jejuar uma ou duas vezes na semana; falar do amor de Jesus para uma pessoa por semana; postar mensagens cristãs nas redes sociais...

_____

_____

_____

_____

_____

2. Baseado no que você aprendeu, como você pretende agir, a partir de agora, diante das intimidações e confrontos que receber?

_____
_____
_____
_____
_____

3. Dos personagens bíblicos que citamos até aqui, com qual você mais se identifica? Por quê?

_____
_____
_____
_____
_____

4. Descreva em quais áreas estão as suas maiores fraquezas.

_____
_____
_____
_____
_____

5. Defina em poucas algumas palavras como você pode estender graça sobre a vida de outras pessoas que estão ao seu redor, de maneira que elas possam ver Jesus através da sua vida.

SAINDO DE CENA

CAPÍTULO 6

"Busque o Evangelho que rasga, que lhe faz brotar lágrimas, que lhe dá cortes e feridas na sua consciência, o Evangelho que mata o seu eu, porque esse é o Evangelho que nos dá vida de novo." (Charles Spurgeon)

Durante alguns anos, servi a Deus em uma congregação local. Estava inserido nas mais diversas áreas enquanto buscava entender o chamado d'Ele para a mim. Até que resolvi cursar Teologia e, logo ao findar o curso, fui consagrado pastor, com vinte e quatro anos. Com vinte e cinco anos, dei início a uma igreja em minha própria casa. Éramos naquela época em oito pessoas. Assim minha vida ministerial foi sendo construída.

Derramei muitas lágrimas, por vezes me senti um "peixe fora d'água", passei por decepções, milagres e situações que todo líder precisa enfrentar para ser cada dia mais dependente do Senhor.

Hoje, passados mais de doze anos pastoreando no Japão, vejo como foi importante deixar que o meu "eu" saísse de cena em diversas situações, para que Cristo fosse formado em mim. Não entendemos no momento, a importância das tribulações, até que a vitória chegue, mas Deus nos garante que, ainda que tenhamos aflições, precisamos ter bom ânimo e continuar a carreira que nos é proposta.

À medida que o ministério crescia, começamos a preparar os documentos necessários para obter o registro religioso da igreja. No Japão, esse registro é imprescindível e muito difícil de se obter. O registro religioso é como um selo de garantia para os japoneses. Atualmente, para se obter esse documento, a espera está em torno de 15 a 20 anos.

A compra de um imóvel era a última exigência para conseguirmos dar a entrada no pedido do registro religioso e nos tornarmos uma igreja japonesa devidamente reconhecida. Como igreja brasileira, adquirimos uma propriedade razoavelmente grande. Havia ainda um outro desafio: o prédio precisava ser quitado, não poderia ser financiado, e isso foi um grande desafio para a nossa comunidade, formada na sua maioria por brasileiros operários e sem muitas condições financeiras. Com a colaboração dos irmãos e coisas extraordinárias que ocorreram, o milagre aconteceu. Conseguimos.

Depois de todo o processo resolvido, ouvi o Senhor me falar claramente que deveríamos doar essa aquisição para uma instituição já registrada e nos filiarmos a ela. Eu fiquei perplexo, porque já havia pensado em me aliançar com outra igreja japonesa inúmeras vezes, mas sem êxito, porém, agora que tínhamos vencido tantas etapas e estávamos conquistando tudo o que sonhávamos, Deus me pede o imóvel?!

Falei com os líderes da igreja e decidimos nos submeter a um período de oração para buscarmos confirmação da parte de Deus. Após um mês de oração, entendemos que o Senhor queria que saíssemos de cena.

Assim fizemos e, hoje, somos uma igreja japonesa com 14 sedes ao redor do Japão. O pastor sênior desse grupo de igrejas que faço parte é um dos pastores mais respeitados nesta nação, com mais de 50 anos de ministério. Hoje sou um pastor privilegiado, pois doamos um prédio e ganhamos tantos outros que fazem parte da denominação.

Mesmo não sendo japonês, Deus me levantou com a autoridade de um pastor japonês. Fazemos conferências juntamente com pastores japoneses em vários estados do Japão. Lideramos um ministério interdenominacional que produz literatura na língua japonesa e uma banda que já produziu CD em japonês para alcançar os nativos.

Estou enfatizando isso para dizer que Deus não trabalha da maneira que pensamos. Ele é original e mestre em fazer coisas novas. Sua obra sempre é perfeita, embora não seja compreendida.

Depois de tantos anos, vejo como foi pontual nos filiarmos a esse grupo, pois tudo o que aconteceu nos últimos anos comigo, eu só consegui vencer pela misericórdia de Deus e por estar aliançado com esses que me socorreram em momentos de luto, quando pensei que não conseguiria suportar.

No capítulo anterior, falamos um pouco acerca da importância de se viver o dia de hoje com a porção de graça que Deus nos dá para obtermos vitória. Mas a verdade é que, geralmente, quando há bens financeiros envolvidos, nós ficamos tão amarrados que tendemos a ignorar a voz de Deus.

A Bíblia fala claramente sobre o poder que a riqueza possui sobre aquele que a ama. Em inúmeros textos, podemos ver quanta desgraça o amor ao dinheiro provocou: dissenções, traições e secções entre pessoas e grupos por todo o Antigo e Novo Testamento. Mas quero destacar um texto que exemplifica muito bem o que vamos abordar neste capítulo.

> Disse Abrão a Ló: Não haja contenda entre mim e ti e entre os meus pastores e os teus pastores, porque somos parentes chegados. Acaso, não está diante de ti toda a terra? Peço-te que te apartes de mim; se fores para a esquerda, irei para a direita; se fores para a direita, irei para a esquerda. Levantou Ló os olhos e viu toda a campina do Jordão, que era toda bem regada (antes de haver o SENHOR destruído Sodoma e Gomorra), como o jardim do SENHOR, como a terra do Egito, como quem vai para Zoar. Então, Ló escolheu para si toda a campina do Jordão e partiu para o Oriente; separaram-se um do outro. Habitou Abrão na terra de Canaã; e Ló, nas cidades da campina e ia armando as suas tendas até Sodoma. Ora, os homens de Sodoma eram maus e grandes pecadores contra o SENHOR. (Gênesis 13.8-13)

Por causa do aumento extraordinário das posses tanto de Abraão como a de Ló, tornou-se impossível que eles habitassem no mesmo lugar. Os seus pastores começaram a brigar por mais espaço e isso fez com que Abraão tomasse uma providência inusitada. Em vez de expulsar Ló, ele pede para Ló escolher a direção que desejava ir. Se Abraão pedisse para Ló ir embora, não seria injusto, você entende? A promessa foi feita a Ele, as bênçãos que ambos estavam recebendo eram decorrentes da obediência de Abraão, e não da de Ló. A aliança era entre Deus e Abraão, por isso a atitude de Abraão se torna mais estranha ainda. Mas a verdade é que através da sua atitude podemos ver a manifestação da genuína e madura fé cristã.

Pessoas como Abraão são raras hoje, até mesmo no meio cristão. Chegamos a um ponto do livro que vamos focar nos filhos maduros de Deus. Até aqui você já passou por várias etapas e, por isso, preciso mudar a maneira de me expressar com você. Digo isso porque, se você continua lendo este livro, é porque você não quer tão somente ser um evangélico. Se a quantidade de evangélicos fosse a garantia da transformação de uma sociedade, com certeza, o Brasil seria um dos países mais cheios do poder de Deus.

John Wesley disse certa vez: "Dai-me cem homens que nada temam senão o pecado, e que nada desejam senão a Deus, e eu abalarei o mundo".

Também Robert G. Ingersoll afirmou: "Deus não recompensava os homens pela sua honestidade, sua generosidade, sua coragem, mas simplesmente pela sua fé. Sem fé, todas as chamadas virtudes convertiam-se em pecado. Todos os homens que praticassem tais virtudes sem fé mereciam sofrer o suplício eterno".

Essas afirmações fazem sentido para você? Será que tem alguma relação com a atitude de Abraão? Eu digo que tem tudo a ver! Pense nisso!

Pessoas cheias de fé como Abraão não exigem direitos, elas o exercem. O poder não é algo que se exija ou mereça, é algo que se demonstra. A expressão máxima do poder é o amor; é a capacidade de não demonstrar poder, mas de reprimi-lo. Os filhos maduros de Deus são capazes de amar os outros como a si mesmos, sem serem amados. Ao agir dessa forma, Abraão mostrou o seu amor e confiança a Deus, e amor à vida de Ló.

Em resposta à atitude de Abraão, Deus falou com ele:

> Disse o SENHOR a Abrão, depois que Ló se separou dele: Ergue os olhos e olha desde onde estás para o norte, para o sul, para o oriente e para o ocidente; porque toda essa terra que vês, eu ta darei, a ti e à tua descendência, para sempre. Farei a tua descendência como o pó da terra; de maneira que, se alguém puder contar o pó da terra, então se contará também a tua descendência. Levanta-te, percorre essa terra no seu comprimento e na sua largura; porque eu ta darei. E Abrão, mudando as suas tendas, foi habitar nos carvalhais de Manre, que estão junto a Hebrom; e levantou ali um altar ao SENHOR. (Gênesis 13.14-18)

Por essa e por outras atitudes na vida de Abraão, podemos perceber a razão de Deus tê-lo considerado Pai da fé e seu amigo pessoal. Quando continuamos lendo sobre a vida desse herói da fé, vemos o episódio em que Deus, antes de destruir Sodoma e Gomorra, consulta a Abraão. Então Abraão intercede por Ló, que tinha descido para lá, e, por causa da intercessão de Abraão, Deus salva Ló e a sua casa.

Está chegando o tempo em que Deus vai encontrar nas nações da Terra pessoas tão ausentes de si mesmas, voltadas para o alto, com as quais Ele vai poder compartilhar os seus maiores anseios e tesouros. Estes trabalharão em parceria com Ele, na salvação dos povos que ainda não foram alcançados. E, então, você está disposto a abrir mão dos seus direitos para que os direitos de Deus sejam alcançados?

Jesus tem direito de receber como recompensa pelo Seu sacrifício todas as nações da Terra, pois o Pai proclamou esse decreto e isso vai acontecer. A questão é se vamos fazer parte disso ou não, pois, para isso, precisaremos sair de cena para que Ele apareça e brilhe sobre todas as coisas.

O erro de Ló foi avistar a campina verde e bem regada como o próprio jardim do Senhor. Ele não sabia que todo aquele belo jardim acabaria em total devastação. Eu já estive em Israel, no lugar de onde, supostamente, Ló avistou aquela terra. Hoje é um deserto, mas posso imaginar como foi tentador para Ló ver tudo aquilo, somado à proposta que Abraão lhe fizera, e abrir mão do seu direito. Todavia, quero lhe dizer que você vai precisar sair de cena abrindo mão dos seus direitos. É necessário virar a outra face para que a justiça de Deus, e não a nossa, seja cumprida. Abraão deixou um legado de fé elevadíssimo para nós que hoje estamos trilhando nesta mesma jornada.

Geralmente resistimos ao novo e às coisas que nos sentimos incapazes de realizar, por ser um caminho ainda não percorrido. Mas eu quero encorajá-lo a se abrir para o novo de Deus na sua vida. A fé e o amor a Deus e ao próximo só podem crescer dentro de nós quando abrimos mão da nossa razão, saindo de cena e deixando que Deus apareça em nossas vidas. Faça alguma coisa que você nunca fez, como, por exemplo, doar para alguém algum objeto que é importante para você. Doe seu tempo orando para alguém ser curado, comece um grupo de oração e estudo da Palavra de Deus na escola, no trabalho...

Jesus, o motivo da dedicação do ministério de João

Você notou que, em quase todos os capítulos deste livro, eu procuro falar algo relevante sobre a vida de João Batista? Neste capítulo, vamos abordar um pouco mais sobre ele.

Agora, João Batista está diante da pessoa sobre quem ele sempre pregou. O testemunho dele tem o seu ponto mais alto, quando ele declara que Jesus é o Cordeiro, é o filho de Deus que tira o pecado do mundo! Tudo o que ele sempre afirmou agora faz sentido para as pessoas que estão ali. João não se preparou durante vinte anos para falar sobre uma fábula! A mensagem dele era focada em uma pessoa. E essa pessoa estava diante dele. Agora não era mais com João, o caminho fora preparado, Jesus passou por ele e agora João "passa o bastão" para o Filho de Deus continuar a sua jornada que culminará no calvário.

João entendeu o exato momento que precisava sair de cena, e, sem hesitar, assim o fez. Essa é a maior prova de que o ministério de João foi bem-sucedido. Ele nunca tentou convencer ninguém com a sua própria força ou habilidade, mas, durante o período em que esteve pregando a respeito da vinda do Cordeiro, foi sempre dependente do poder de Deus sobre a sua vida. Ele era seguro, não porque tinha recursos financeiros ou um ministério grande que o apoiava, mas por saber que o caminho que decidiu trilhar estava de acordo com a vontade de Deus para a sua vida.

A tenacidade de João nos ensina muitas coisas. Hoje é muito difícil encontrarmos pessoas tão determinadas. Negociamos com muita facilidade os valores e fundamentos nos quais fomos alicerçados, muitas vezes por medo, ou porque esperamos reconhecimento das pessoas. Não paramos mais para perguntar o que Deus pensa de nós e sobre nós, porque, muitas vezes, nossos sonhos pessoais se sobrepõem aos propósitos de Deus para as nossas vidas. A felicidade que tem sido ensinada pelo mundo afora não se trata da felicidade que Deus prometeu, mas, sim, de um ídolo buscado e venerado pelo homem que não tem consciência de sua paternidade celestial.

> No dia seguinte, viu João a Jesus, que vinha para ele, e disse: Eis o Cordeiro de Deus, que tira o pecado do mundo! É este a favor de quem eu disse: após mim vem um varão que tem a primazia, porque já existia antes de mim. Eu mesmo não o conhecia, mas, a fim de que ele fosse manifestado a Israel, vim, por isso, batizando com água. E João testemunhou, dizendo: Vi o Espírito descer do céu como pomba e pousar sobre ele. Eu não o conhecia; aquele, porém, que me enviou a batizar com água me disse: Aquele sobre quem vires descer e pousar o

Espírito, esse é o que batiza com o Espírito Santo. Pois eu, de fato, vi e tenho testificado que ele é o Filho de Deus. (João 1.29-34)

Infelizmente, não possuímos uma cosmovisão cristã. Esse é o motivo que nos impede de levarmos o nosso ministério a todas as esferas da sociedade. Precisamos mudar urgentemente. Quando olhamos para João Batista, percebemos que a sua mensagem envolvia toda a sua maneira de viver. Ele era a própria mensagem que pregava. Toda a sua vida girava em torno do que ele cria. Até mesmo os discípulos que ele treinou foram encorajados a deixá-lo para seguir a Jesus, sobre quem ele sempre pregou (João 1.35-39).

Sejamos como João Batista. Que a nossa vida seja a nossa mensagem, que a nossa mensagem seja a nossa vida. Sair de cena no momento necessário para manifestar a glória de Deus só é possível quando entendemos que não fomos chamados para tratar de um assunto particular. O Evangelho é um assunto sobre o qual o mundo precisa saber, trata-se da obra de Deus, não da nossa! Da vida dele, e não da minha; do projeto dele, não do meu.

Para construirmos uma cosmovisão cristã, precisamos identificar as barreiras que nos impedem de aplicar a nossa fé em áreas de trabalho, negócios e política. Precisamos entender por que os cristãos ocidentais perderam de vista o chamado abrangente que Deus deu a cada um de nós.

Vamos anunciar Jesus e a salvação realizada por Ele, vamos proclamar a sua volta e os eventos que irão acompanhá--lo. Assim estaremos exercendo a cosmovisão cristã.

Falando com o Pai

> Por isso, também não cessamos de orar por vós, para que o nosso Deus vos torne dignos da sua vocação e cumpra com poder todo propósito de bondade e obra de fé, a fim de que o nome de nosso Senhor Jesus seja glorificado em vós, e vós, nele, segundo a graça do nosso Deus e do Senhor Jesus Cristo. (2 Tessalonicenses 1.11-12)

- Ao fazer esta oração, peça a Deus que o capacite para viver o destino que Ele tem para a Sua Igreja na Terra.

- Peça a Deus que lhe mostre situações em que você precisa sair de cena.

- Peça a Deus que, ao sair de cena, o nome de Jesus seja glorificado.

- Pergunte a Deus em que área da sua vida espiritual você precisa de maior graça.

- Procure se informar dentro do seu bairro ou cidade quais as causas mais frequentes de morte; quais as doenças predominantes, ou seja, quais atuações malignas têm predominado, e comece a interceder por essas áreas, a fim de que a justiça e o juízo de Deus sejam manifestados.

- Comprometa-se, a partir de hoje, a se tornar um intercessor pelo lugar e pessoas ao seu redor.

Dinâmica

1. Analise a sua vida e verifique se, porventura, há alguma área em que você pode não estar tão dependente de Deus, mas de homens, habilidades ou até mesmo de recursos materiais.

_____
_____
_____
_____

2. João foi tenaz em seu ministério e, mesmo em meio a críticas, não vacilou. Existe algo que você começou a fazer e, devido a críticas ou coisas semelhantes, parou no meio do caminho?

_____
_____
_____
_____

3. Em algum momento da sua vida, você acabou confundindo os seus projetos pessoais com o que Deus lhe chamou para fazer? Usou a obra de Deus como um lugar de cumprimento de desejos pessoais, em vez de cumprir a vontade d'Ele?

_____
_____
_____

4. Há algo dentro daquilo que você fez para Deus que lhe ofenderia se você não fosse reconhecido como o seu idealizador?

___

5. Houve alguma situação na sua vida que Deus requereu de você saísse de cena?

___

6. Na sua esfera de atuação na sociedade, como você poderia, de maneira prática, ampliar a cosmovisão cristã e trazer louvor para Deus?

___

7. Qual é a possível barreira que você identifica para pregar o Evangelho hoje nas esferas em que você atua?

_____
_____
_____
_____
_____

GERADOS NO LUGAR SECRETO

CAPÍTULO 7

Os momentos mais importantes da vida de uma pessoa se dão na intimidade, longe dos holofotes, distante da multidão.

Ao ser indagado sobre como uma pessoa deveria orar, Jesus disse:

> Tu, porém, quando orares, entra no teu quarto e, fechada a porta, orarás a teu Pai, que está em secreto; e teu Pai, que vê em secreto, te recompensará. (Mateus 6.6)

Os homens de Deus são forjados no lugar secreto. É no secreto que Deus trata o nosso caráter e nos ensina as maiores verdades da vida. Esse é um lugar de treinamento, de aprendizado, um lugar de intimidade, de comunhão, de simplicidade, onde nos despimos de todas as nossas vergonhas e medos.

O profeta Samuel é um exemplo de alguém que foi gerado nesse lugar.

E levantaram-se de madrugada, e adoraram perante o Senhor, e voltaram, e vieram à sua casa, a Ramá. Elcana conheceu a Ana, sua mulher, e o Senhor se lembrou dela. (1Samuel 1.19) A Bíblia relata que, antes mesmo de Elcana e Ana manterem relação, eles se levantaram de madrugada e adoraram ao Senhor – no lugar secreto.

Ana esperou o momento de Deus para a sua vida. Ela não desistiu da promessa. Penso que Ana nunca imaginou que o pequeno Samuel se tornaria tão grande para Israel e reconhecido até hoje como um dos grandes profetas de todos os tempos.

Elcana levou Ana para casa a fim de conhecê-la. Essa palavra "conhecer" era o termo usado para se referir à relação sexual dentro do matrimônio, quando os cônjuges se conheciam intimamente. Os casais daquela época encaravam o ato sexual com reverência e santidade. Não podia ser de qualquer maneira. Nesse momento especial, não levavam em conta simplesmente o prazer, havia algo mais: a alegria da relação estava baseada em estar no centro da vontade de Deus. A Bíblia diz que foi nesse momento que Deus se lembrou de Ana.

A casa é o lugar onde descobrimos a intimidade uns dos outros. No trabalho, na rua, na congregação, todo mundo é bonzinho e legal. Se quisermos conhecer alguém de verdade, precisamos conviver com essa pessoa. Em casa nos sentimos à vontade, nos comportamos mais livremente. Jesus nos advertiu a buscarmos a Deus no secreto de nosso quarto. Um lugar, um momento, sem terminologias religiosas – só nós e o nosso Pai.

A intimidade com Deus nos leva para uma esfera espiritual diferente. Você pode passar dez anos numa classe teológica e jamais ter intimidade com Deus. Para ter intimidade, é preciso se despir de todo egoísmo, autopreservação e autopromoção.

Precisamos estabelecer uma relação mais íntima com Deus no lugar secreto. Pois, sem isso, é impossível termos uma identidade restaurada. A intimidade com o Pai faz toda a diferença, como fez no ministério de Jesus e com a vida de Ana.

Pense nisso

Sempre que converso com pessoas que conheceram a Jesus quando estavam em uma idade mais avançada, é unânime a declaração: "Eu queria ter conhecido Jesus na minha juventude!".

O texto que Salomão escreveu já na sua velhice diz:

> Lembra-te do teu Criador nos dias da tua mocidade, antes que venham os maus dias, e cheguem os anos dos quais dirás: Não tenho neles prazer; antes que se escureçam o sol, a lua e as estrelas do esplendor da tua vida, e tornem a vir as nuvens depois do aguaceiro. (Eclesiastes 12.1-2)

Temos de gastar a nossa vida de tal forma que não nos arrependamos, pois os dias passam rapidamente e o tempo não volta atrás. Por meio das histórias de Ana e de Eli, vemos o contraste entre dois estilos de vida, dois caminhos. Ana escolheu agradar o coração de Deus através das suas atitudes, e, como consequência, gerou um profeta que trouxe um novo tempo sobre a nação de Israel. Já Eli, o sumo-sacerdote da época, quebrou os mandamentos de Deus e não corrigiu os atos inconsequentes dos seus filhos. O final nós já sabemos, sua linhagem foi removida do sacerdócio.

Ana ou Eli? Qual desses personagens você será neste tempo de preparação para esta geração? Eli teve muito prestígio. Ana, por muitas vezes, foi desprezada. Eli estava sentado, alheio ao que acontecia ao seu redor, enquanto Ana buscava mais a Deus.

A grande questão é: onde você quer receber o seu galardão? Aqui ou lá no céu? Quer receber aplausos de homens ou ser recebido por Jesus na cidade celestial? Deus não levantará uma geração de filhos maduros com pessoas acomodadas como Eli. Os filhos de Eli, diferentemente de Samuel, eram homens sem compromisso e corruptos, que viviam por seus próprios interesses, valores e impulsos.

A rebeldia de Hofni e Fineias é fruto da omissão de Eli na educação, da falta de repreensão e disciplina como pai – algo que acontece em muitas famílias de nossas igrejas. Ele era o representante da nação de Israel. Contudo, o sumo sacerdote ignorou os pecados dos seus filhos. Ele os deixou permanecerem no erro, sem tomar atitudes necessárias como homem de Deus.

Faltou ao sumo sacerdote a capacidade de dizer "não" aos pecados dos filhos. Em virtude disso, Israel sofreu um de seus mais retumbantes fracassos e perdeu a glória de Deus. A consequência das atitudes de Eli levou Deus a tomar uma atitude severa.

E veio um homem de Deus a Eli e disse-lhe: Assim diz o Senhor: Não me manifestei, na verdade, à casa de teu pai, estando os israelitas ainda no Egito, na casa de Faraó? E eu o escolhi dentre todas as tribos de Israel para sacerdote, para oferecer sobre o meu altar, para acender incenso e para trazer o éfode perante mim; e dei à casa de teu pai todas as ofertas queimadas dos filhos de Israel. Por que dais coices contra o sacrifício e contra a minha oferta de manjares, que ordenei na minha morada, e honras a teus filhos mais do que a mim, para vos engordardes do principal de todas as ofertas do meu povo de Israel? Portanto, diz o Senhor, Deus de Israel: Na verdade, tinha dito eu que a tua casa e a casa de teu pai andariam diante de mim perpetuamente; porém, agora, diz o Senhor: Longe de mim tal coisa, porque aos que me honram honrarei, porém os que me desprezam serão envilecidos. Eis que vêm dias em que cortarei o teu braço e o braço da casa de teu pai, para que não haja mais velho algum na tua casa. E versa o aperto da morada de Deus, em lugar de todo o bem que ouvera de fazer a Israel; nem haverá por todos os dias velho algum em tua casa. O homem, porém, que eu te não desarraigar do meu altar será para te consumir os olhos e para te entristecer a alma; e toda a multidão da tua casa morrerá quando chegar à idade varonil. E isto te será por sinal, a saber, o que sobrevirá a teus dois filhos, a Hofni e Finéias: que ambos morrerão no mesmo dia. E eu suscitarei para mim um sacerdote fiel, que procederá segundo o meu coração e a minha alma, e eu lhe edificarei uma casa firme, e andará sempre diante do meu ungido. E será que todo aquele que ficar de resto da tua casa virá a inclinar-se diante dele, por uma moeda de prata e por um bocado de pão, e dirá: Rogo-te que me admitas a algum ministério sacerdotal, para que possa comer um pedaço de pão.(1 Samuel 2.27-36)

Essa profecia teve o cumprimento em 1 Reis 2.26-27. A linhagem de Eli se encerrou, e Zadoque permaneceu como sumo sacerdote no lugar de Abiatar, descendente de Eli.

Tendo julgado Israel por 40 anos, seu fim não poderia ser pior do que esse. Ainda mais triste é saber que Eli não tomou nenhuma atitude diante de seus erros, não se moveu. Foi levando a vida, esperando a morte chegar. Depois de haver usado um profeta corajoso para entregar essa mensagem à casa de Eli, o Senhor fala de novo através de Samuel:

> Naquele dia, suscitarei contra Eli tudo quanto tenho falado com respeito à sua casa; começarei e o cumprirei. Porque já lhe disse que julgarei a sua casa para sempre, pela iniqüidade que ele bem conhecia, porque seus filhos se fizeram execráveis, e ele os não repreendeu. Portanto, jurei à casa de Eli que nunca lhe será expiada a iniqüidade, nem com sacrifício, nem com oferta de manjares. (1 Samuel 3.12-14)

Eli é um triste, mas perfeito exemplo de muitos ministros que vemos hoje, que parecem não enxergar os erros ao seu redor. Homens que igualmente têm sido reprovados. Eli, mesmo conhecendo a vontade de Deus, e até mesmo ouvindo a repreensão de profetas, ignorou a voz do Senhor.

Há muitos líderes e membros de igrejas que, devido à falta de zelo pela santidade de Deus, têm gerado em suas congregações a falta de comunhão com Deus e com os irmãos. Falamos muito sobre a unidade na igreja, todavia a *koinonia* que a Bíblia menciona não tem sido uma realidade. Gosto da metáfora das batatas. Num saco existem muitas batatas, todas juntas. Então, você começa a retirar as batatas do saco uma a uma. Ainda é possível ver o tamanho de cada uma delas, a beleza e o formato. Embora estejam empacotadas num mesmo saco, possuem individualidade. Já o purê de batatas é bem diferente. Não há como distinguir qual delas é a maior ou a mais bela batata, pois todas se tornaram iguais por estarem unidas. Verdadeiramente isso é *koinonia*. Mas apenas a santidade poderá gerar a verdadeira *koinonia* com Deus e com os irmãos.

É interessante que, quando Deus falou com Samuel, Eli o constrangeu com muita severidade, caso não relatasse tudo o que Deus falara. Após ouvir Samuel, o sumo sacerdote fez uma declaração preocupante: "Ele é o Senhor; que faça o que lhe parecer melhor". A impressão que temos é de que Eli já estava conformado com a situação.

Mesmo sabendo que o juízo estava próximo, ele não se arrependeu. Esvaíram-se lhe as forças devido ao pecado. Ele vivia de aparência, sozinho. Sua velhice não foi como a de muitos homens da Bíblia rodeados de pessoas e alegres por viverem uma vida relevante na presença de Deus.

E era Eli da idade de noventa e oito anos; e estavam os seus olhos tão escurecidos, que já não podia ver. E disse aquele homem a

Eli: Eu sou o que venho da batalha; porque eu fugi hoje da batalha. E disse ele: Que coisa sucedeu, filho meu? Então respondeu o que trazia as novas, e disse: Israel fugiu de diante dos filisteus, e houve também grande destroço entre o povo; e, além disso, também teus dois filhos, Hofni e Finéias, morreram, e a arca de Deus é tomada. E sucedeu que, fazendo ele menção da arca de Deus, Eli caiu da cadeira para trás, da banda da porta, e quebrou-se-lhe o pescoço, e morreu, porquanto o homem era velho e pesado; e tinha ele julgado Israel quarenta anos. (1Samuel 4.15-18)

Aprendendo com Deus

No Antigo Testamento, a deformidade física, lepra, esterilidade e outras enfermidades eram consideradas como maldição de Deus na vida do indivíduo. Por esse motivo, vemos até no Novo Testamento muitas pessoas desprezarem os leprosos e deficientes físicos. Contudo, pelas suas atitudes, Jesus mudou esse estigma e trouxe uma nova perspectiva para a humanidade. Ele passou pelas vilas e aldeias curando toda sorte de moléstias e realizando milagres. Sarou leprosos, levantou paralíticos, deu vista aos cegos, ressuscitou mortos, libertou milhares de pessoas do cárcere das emoções. Em vez de exaltar a fraqueza e as limitações do homem, Ele mostrou o poder e o amor de Deus.

Jesus ensinou as verdades do Pai a fim de que a humanidade entendesse seu ministério de cura, libertação e transformação de almas. Por isso, a cura de Jesus não se limita ao físico, mas também à alma e ao espírito.

Ao abrir os olhos de muitos cegos, Jesus nos ensinou a importância da revelação, do conhecimento e do entendimento da Palavra viva. Quando os cegos eram curados, não recebiam apenas a visão de seus olhos carnais. A primeira visão que tinham era a de Jesus, o Cordeiro de Deus. Ele mostrou o que significa, na prática, vivermos o Reino de Deus entre nós.

A visão de Jesus nos faz encontrar o caminho do Reino. O Senhor nos diz:

> ... na verdade, na verdade te digo que aquele que não nascer de novo, não pode ver o reino de Deus. (João 3.3)

Quando nascemos de novo, temos um encontro real com Jesus Cristo e conseguimos enxergá-lo dia a dia através da sua Palavra.

Eli, devido à idade avançada, não enxergava bem. Porém, a cegueira de Eli ia além do físico, era espiritual; ele não conseguia ver o plano do Senhor para a sua vida. O que Deus tem para você vai muito além do seu ministério e até mesmo da sua família. Não se limite a obter apenas uma porção enquanto Deus tem um banquete a cada dia preparado para surpreendê-lo.

O pecado traz cegueira espiritual, entretanto não podemos nos acomodar com o padrão deste mundo.

Precisamos ser transformados a cada dia pela renovação do nosso entendimento, a fim de que experimentemos a boa, agradável e perfeita vontade de Deus em nossas vidas.

Exercendo paternidade sobre as nações da Terra

A submissão de Elcana e Ana ao chamado de Deus para as suas vidas fez com que seu filho Samuel, mesmo sendo jovem, desse continuidade ao chamado de Deus para a sua geração.

Porém Samuel ministrava perante o Senhor, sendo ainda jovem, vestido com um éfode de linho. E sua mãe lhe fazia uma túnica pequena e, de ano em ano, lha trazia quando com seu marido subia a sacrificar o sacrifício anual. E Eli abençoava a Elcana e à sua mulher e dizia: O Senhor te dê semente desta mulher, pela petição que fez ao Senhor. E voltaram para o seu lugar. Visitou, pois, o Senhor a Ana, e concebeu e teve três filhos e duas filhas; e o jovem Samuel crescia diante do Senhor. (1 Samuel 2.18-21 – ARC - grifo do autor).

Não confunda paternidade com paternalismo. O primeiro é bíblico, necessário e profético. O segundo carrega interesses pessoais, sufoca os mais novos, oprime e, com o tempo, traz esgotamento. Pais obedientes que exercem a paternidade bíblica vão gerar jovens obedientes ao propósito de Deus. A geração que Deus está levantando é de jovens obedientes e cheios do Espírito Santo. A obediência é uma das marcas desta geração. Deus removerá a rebeldia da Terra e trará justiça e redenção pelo testemunho dos filhos maduros. Esses jovens se levantarão como pais espirituais para um tempo de cura e transformação sobre as nações da Terra

Por anos, vivemos carentes de identidade, mas, para este tempo, a paternidade será uma das expressões mais poderosas da Igreja. O braço forte de Deus nos segurará e seu amor será derramado em nossos corações, trazendo poder, justiça e transformação para a Igreja, sendo estendida pelas nações da Terra.

Samuel não estava ali, simplesmente, por causa do voto de sua mãe ou para não a desapontar. Ele possuía uma identidade em Deus. A Bíblia diz que o jovem ministrava diante do Senhor com um espírito de humildade. Sem isso, não será possível um ministro servir a Deus com o mesmo sentimento que houve em Cristo Jesus.

Ana não abandonou Samuel no templo, ela ministrou sobre a vida dele fazendo-o compreender que, a partir daquele momento, o templo seria a sua casa. Ela não apenas gerou e amamentou o menino, mas também zelou pela vida dele por todos os anos que viveu. A Bíblia menciona que, de ano em ano, Ana confeccionava uma túnica para Samuel e levava ao templo.

Essa mulher fez muito mais do que tão somente deixar o menino aos cuidados do sacerdote Eli. Com suas atitudes, Ana plantou em Samuel a semente espiritual para que ele se tornasse um homem comprometido com Deus. Desde pequeno, ele aprendeu a ministrar no temor do Senhor, andando em benignidade e fidelidade. Não podemos, simplesmente, deixar os nossos filhos na igreja. Precisamos ministrara Palavra de Deus em suas vidas para que eles se tornem a Igreja.

Samuel ministrava perante o Senhor, ainda jovem, vestido com um éfode de linho, que era uma roupa comum ao sacerdote. A Bíblia diz que o rei Davi também usou um éfode quando trazia a Arca para Jerusalém.

> Estas, pois, são as vestes que farão; um peitoral, e um éfode, e um manto, e uma túnica bordada, e uma mitra, e um cinto; farão, pois, vestes santas a Arão, teu irmão, e a seus filhos, para me administrarem o ofício sacerdotal. (Êxodo 28.4)

O éfode era um tipo de avental bordado constituído de duas partes, frente e costas, unidas nos ombros e seguras por uma faixa na cintura. Os alfaiates que o teciam foram ungidos por Deus com sabedoria para confeccionar a roupa dos sacerdotes. O éfode que Samuel e Davi usaram não era o mesmo que o sumo sacerdote usava, mas eram roupas sacerdotais. Como cobertura, a estola sacerdotal alude que toda nudez deve ser coberta. Vemos isso logo após a queda do homem em Gênesis, capítulo três. A Terra foi contaminada e o homem se tornou conhecedor do bem e do mal, assim como Deus o é. Ele fez para Adão e sua mulher túnicas de peles e os vestiu. No momento em que ambos decidiram pecar, a inocência e pureza de consciência que Deus tinha concedido a eles se perdeu e suas mentes tornaram-se corruptas. Então Deus cobriu a nudez deles, como sinal de vergonha pela nudez espiritual gerada pelo pecado. A veste sem costura diz respeito à integridade e retidão dadas por Deus. Contrastando com a desobediência de Hofni e Fineias, vê-se a fidelidade do menino Samuel. Embora não fosse descendente de Arão, Samuel exerceu o sacerdócio após a dinastia de Eli ser eliminada. Serviu no tabernáculo e obedeceu a todas as regras do ministério exercido por ele, ainda que ofuscado por seus ofícios como profeta e juiz em Israel. As pedras nos ombros e o peitoral traziam o significado do ofício sacerdotal, que representava a nação diante do Senhor. O sacerdote era mais que um juiz, ele foi incumbido por Deus de conduzir a nação de Israel à retidão para com o Senhor.

Somos reis e sacerdotes do Deus vivo. Há mais de três mil anos, Samuel e Davi já viviam a realidade que precisamos viver hoje. Como embaixadores – o mais alto cargo diplomático –, somos responsáveis por representar a pátria. Neste caso, a Pátria Celestial, cujo o Rei é Cristo.

Muitos de nossos jovens estão com suas vestes espirituais sujas. Precisamos tecer roupas sacerdotais para eles, marcando-os como sacerdotes do Deus vivo.

> Vestirei de salvação os seus sacerdotes, e os seus santos rejubilarão. (Salmo 132.16)
>
> Depois destas coisas, olhei, e eis aqui uma multidão, a qual ninguém podia contar, de todas as nações, e tribos, e povos, e línguas, que estavam diante do trono e perante o Cordeiro, trajando vestes brancas e com palmas nas suas mãos; e clamavam com grande voz, dizendo: Salvação ao nosso Deus, que está assentado no trono, e ao Cordeiro. (Apocalipse 7.9-10)

A Igreja de Cristo será vestida de santidade. Não podemos ver a glória de Deus brilhar sobre o mundo sem a santificação. Sem santidade é impossível ver a Deus, porque Ele é santo.

Falando com Deus

Até aqui eu busquei ajudar você, por meio de dinâmicas e desafios, a se achegar a Deus de uma maneira simples e direta, pois creio, do fundo do meu coração, que o Pai almeja ter um relacionamento de qualidade e cada dia mais radiante com você. Por isso, a partir de agora, é com você. Vá para o seu lugar secreto e procure experimentar uma rica e intensa experiência com Deus. É lá, no lugar secreto, longe de toda agitação e holofotes, que Ele deseja promover as maiores e mais profundas transformações na sua vida.

Deixei para você, no final deste livro, algumas orações devocionais que vão ajudá-lo nessa experiência diária com Deus. Mas não se limite a estes exemplos, vá além e mergulhe nesse rio de águas vivas.

Sugiro que você compre um diário para fazer as anotações das passagens bíblicas que usará nas meditações e orações. É importante que você ouça a voz de Deus e registre as suas experiências com Ele.

INTEIROS DE CORAÇÃO
CAPÍTULO 8

> Enganoso é o coração, mais do que todas as coisas, e perverso; quem o conhecerá? Eu o SENHOR, esquadrinho o coração, eu provo os pensamentos; e isso para dar a cada um segundo os seus caminhos e segundo o fruto das suas ações. (Jeremias 17.9)

O estado do nosso coração determina o nosso comportamento, que é a expressão daquilo que se encontra em nosso interior. Por isso, não podemos nos limitar à observação exterior do comportamento humano. O coração é a fonte da qual depende toda a nossa vida, é por esse motivo que Jesus sempre insistiu a respeito dele em Suas pregações.

A parábola do semeador é um exemplo claro disso, nos ajudando a enxergar os diferentes tipos de coração bem como aquele que alegra a Deus e cumpre a Sua vontade.

Em certo momento, quando Jesus ministrava para uma multidão, Ele usou o exemplo de um semeador, que, ao sair para semear, uma parte de suas sementes caiu ao pé do caminho, outra em pedregais, outra entre espinhos e somente a parte que caiu em terra boa produziu muitos frutos, como está escrito em (Mateus 13.1-9).

O interessante é que todas as demais sementes foram lançadas da mesma maneira que a última, no entanto só uma conseguiu frutificar. Ao ouvir essa parábola, os discípulos cercaram Jesus e começaram a questionar a razão de Ele só se comunicava por meio de parábolas. Então, Jesus faz uma declaração tremenda aos doze:

> Ele, respondendo, disse-lhes: Porque a vós é dado conhecer os mistérios do Reino dos céus, mas a eles não é dado; porque aquele que tem se dará, e terá em abundância; mas aquele que não tem, até aquilo que tem lhe será tirado. Por isso, lhes falo por parábolas, porque eles, vendo, não vêem; e, ouvindo, não ouvem, nem compreendem. E neles se cumpre a profecia de Isaías, que diz: Ouvindo, ouvireis, mas não compreendereis e, vendo, vereis, mas não percebereis. *Porque o coração deste povo está endurecido, e ouviu de mau grado com seus ouvidos e fechou os olhos*, para que não veja com os olhos, e ouça com os ouvidos, e compreenda com o coração, e se converta e eu o cure. (Mateus 13.11-15 - grifo do autor)

Jesus revelou aos seus seguidores o propósito de falar somente por parábolas: o coração do homem. A compreensão das palavras que Ele ministrava precisava ser entendida pelo coração, por isso muitos ouviam os ensinamentos do Mestre e continuavam da mesma maneira, pois os corações estavam fechados para a Palavra de Deus.

Enquanto não abrirmos os nossos corações para a revelação da Palavra, não conseguiremos compreendê-la. Apenas no momento em que decidimos nos entregar a Deus com um coração sincero é que, de fato, entenderemos a Sua mensagem para as nossas vidas.

No livro de Jeremias há a seguinte afirmação:

> Buscar-me-eis e me achareis quando me buscardes de todo o vosso coração. (Jeremias 29.13)

Isso quer dizer que as sementes são sempre iguais, porém o segredo está na terra em que elas são lançadas; e a terra, nesse texto, tipifica os diversos tipos de coração, conforme analisaremos a seguir:

1- O CORAÇÃO QUE NÃO ENTENDE

> E, quando semeava, uma parte da semente caiu ao pé do caminho, e vieram as aves e comeram-na. (Mateus 13.4)

> Ouvindo alguém a palavra do Reino e não entendendo, vem o maligno e arrebata o que foi semeado no seu coração; este é o que foi semeado ao pé do caminho. (Mateus 13.19)

Esse tipo de coração caracteriza a pessoa que não têm o entendimento da Palavra do Reino em sua vida. Revela alguém que ouve e assimila a Palavra pelos seus conceitos e ideais, porém tem uma compreensão limitada, por aquilo que ela mesma predeterminou acreditar em seu coração. A Bíblia nos afirma:

> Se, com a tua boca, confessares Jesus como Senhor e, *em teu coração, creres que Deus o ressuscitou dentre os mortos*, serás salvo. *Porque com o coração se crê para justiça* e com a boca se confessa a respeito da salvação. (Romanos 10.9-10 - grifo do autor)

Não compreender a Palavra é algo muito mais sério do que imaginamos. Isso porque o Diabo tem legalidade para roubar todas as palavras de Deus que rejeitamos em nossas vidas, seja por causados nossos interesses ou cobiças.

Crer que Jesus ressuscitou dos mortos é muito mais do que aceitarmos que Ele está sentado à destra de Deus, em um alto e sublime trono. Ele venceu o inimigo o qual a humanidade tenta ignorar a cada dia: a morte. Acreditar que Jesus ressuscitou é se render à Sua ajuda e clamar por salvação. É reconhecer a soberania de Deus e o Seu poder para nos libertar daquilo que Ele mesmo venceu. Crer na ressurreição é aceitar a justiça que vem do alto e foi efetuada por Jesus através de Sua morte na cruz, além de depositar n'Ele toda a esperança e forças. Não podemos alcançar a salvação por nossos próprios méritos, uma vez que essa obra é exclusiva e absolutamente divina. Aceitá-la, em vez de procurar alcançá-la, é o ponto determinante para a compreensão da obra de salvação.

Esse tipo de semente, que cai ao pé do caminho, descreve as pessoas que não se submetem à vontade de Deus, por isso a Palavra não pode permanecer em seu coração. São pessoas que querem fugir da morte por sua própria inteligência, usando da Palavra apenas quando ela não confronta o seu orgulho.

2- O CORAÇÃO EGOÍSTA

> Outra parte caiu em solo rochoso, onde a terra era pouca, e logo nasceu, visto não ser profunda a terra. Saindo, porém, o sol, a queimou; e, porque não tinha raiz, secou- se. (Mateus 13.5-6)

> O que foi semeado em solo rochoso, esse é o que ouve a palavra e a recebe logo, com alegria; mas não tem raiz em si mesmo, sendo, antes, de pouca duração; em lhe chegando a angústia ou a perseguição por causa da palavra, logo se escandaliza. (Mateus 13.20-21)

O coração egoísta não suporta a aflição e reflete a pessoa que aceita e compreende a Palavra de Deus, mas não permite que esta crie raiz em seu coração. Por outro lado, a angústia e a perseguição por causa da Palavra são consequências naturais da vida de todo o cristão, afinal o mundo jaz no maligno. Não há nada no mundo, por melhor que seja a sua aparência, que possa substituir a verdade de Deus, pois Ele nos deu o Espírito da verdade. Assim, quando o dia mau chega, a pessoa tropeça por se concentrar somente nas promessas. Uma pessoa egoísta é exclusivista, possui um amor excessivo por seu próprio bem, e não se preocupa com o próximo. O egocentrismo traz confusão à mente, provocando, na maioria das vezes, a murmuração, seguida de morte espiritual.

> Disse ainda o SENHOR: Certamente, vi a aflição do meu povo, que está no Egito, e ouvi o seu clamor por causa dos seus exatores. Conheço-lhe o sofrimento; por isso, desci a fim de livrá-lo da mão dos egípcios e para fazê-lo subir daquela terra a uma terra boa e ampla, terra que mana leite e mel; o lugar do cananeu, do heteu, do amorreu, do ferezeu, do heveu e do jebuseu. Pois o clamor dos filhos de Israel chegou até mim, e também vejo a opressão com que os egípcios os estão oprimindo. (Êxodo 3.7-9)

Bíblia nos instrui com passos práticos a como podemos vencer o egoísmo. Em Êxodo 3, Deus usa o profeta Moisés para libertar o povo de Israel que estava sendo oprimido por anos no Egito. A promessa de Deus era a de levá-los para uma terra boa, próspera, ampla, que manava leite e mel, e onde eles poderiam multiplicar e frutificar, conforme a promessa.

Logo depois da matança dos primogênitos egípcios, por causa da desobediência e dureza de coração de Faraó, deu-se início ao êxodo do povo de Israel. Faraó, depois de perder o seu filho, chamou Moisés e Arão, deixando, enfim, que o povo de Israel começasse a peregrinação rumo à terra prometida. Assim, imediatamente, o povo de Israel levantou o acampamento, e partiu para Sucote com muito ouro, prata, uma grande multidão de animais e vestes. Uma grande jornada se iniciava. Porém, mal sabia o povo os desafios que o deserto reservava para eles!

> Tendo Faraó deixado ir o povo, Deus não o levou pelo caminho da terra dos filisteus, posto que mais perto, pois disse: Para que, porventura, o povo não se arrependa, vendo a guerra, e torne ao Egito. Porém Deus fez o povo rodear pelo caminho do deserto perto do mar Vermelho; e, arregimentados, subiram os filhos de Israel do Egito.
> (Êxodo 13.17-18)

Biblicamente, o deserto é sempre um lugar de confronto e ensino. Acredito que o Senhor conduziu o povo pelo caminho mais longo de maneira estratégica, pois como o texto mesmo diz: "... para que, porventura, o povo não se arrependa, vendo a guerra, e torne ao Egito". Devido à natureza pecaminosa que possuímos, geralmente escolhemos desistir diante das dificuldades e dos desafios, por isso, em inúmeras situações, Deus nos leva pelo caminho mais longo buscando a nossa maturidade à medida que crescemos na caminhada de fé. O deserto é o caminho de Deus para treinar todos os servos que querem sair da escravidão e alcançar a terra prometida.

Nem mesmo Jesus foi poupado da disciplina do deserto. Se não nos submetemos à disciplina e ao discipulado que os "desertos" nos ensinam, nada mais poderá nos ensinar. É no deserto que aprendemos as dimensões do Reino de Deus e os Seus princípios.

Existem algumas transformações e disciplinas que o deserto nos proporciona: Mudança de caráter, mudança de comportamento, humildade, dependência de Deus, direção de Deus, conhecimento da nossa fraqueza e humanidade, contentamento, piedade, fé, mudança de valores, coragem, milagres, unidade, sinais, visão, força, criatividade, bênção, sabedoria, habilidade, mansidão, e por aí vai.

Se você está passando por um deserto em sua vida pessoal, conjugal, familiar, nos relacionamentos ou no ministério, quero encorajá-lo a não desistir. Persevere na Palavra. Não olhe para trás, vença o egoísmo não olhando para si. Olhe para Jesus, pois Ele passou pelo deserto sem perder o foco do que veio fazer na Terra. Depois de quarenta dias e quarenta noites sem comer, a Bíblia nos revela que Ele teve fome. Foi nessa hora que o Diabo aproveitou para oferecer o que o organismo d'Ele requeria. Mas Jesus estava focado em Deus, por isso não aceitou a oferta do Diabo, decidindo esperar pela recompensa que viria de Seu Pai. Então, logo depois, o texto nos afirma que os anjos vieram e O serviram.

3- O CORAÇÃO INCRÉDULO

> Outra caiu entre os espinhos, e os espinhos cresceram e a sufocaram. (Mateus 13.7)
>
> O que foi semeado entre os espinhos é o que ouve a palavra, porém os cuidados do mundo e a fascinação das riquezas sufocam a palavra, e fica infrutífera. (Mateus 13.22)

Vivemos dias parecidos com os dias de Noé. Jesus disse que a vinda do Filho do Homem seria como nos dias de Noé (Mateus 24.37). Qual foi o pecado que os homens antes do dilúvio cometeram?

> Como se foram multiplicando os homens na terra, e lhes nasceram filhas, vendo os filhos de Deus que as filhas dos homens eram formosas, tomaram para si mulheres, as que, entre todas, mais lhes agradaram. Então, disse o SENHOR: O meu Espírito não agirá para sempre no homem, pois este é carnal; e os seus dias serão cento e vinte anos. Ora, naquele tempo havia gigantes na terra; e também depois, quando os filhos de Deus possuíram as filhas dos homens, as quais lhes deram filhos; estes foram valentes, varões de renome, na antiguidade. Viu o SENHOR que a maldade do homem se havia multiplicado na terra e que era continuamente mau todo desígnio do seu coração. (Gênesis 6.1-5)

O texto diz claramente que a maldade contínua que aqueles homens cometiam vinha de seus corações. O desígnio do coração daquela geração era mau. Eles estavam contaminados por seus próprios planos e intentos.
A versão da Bíblia, Almeida Revista e Corrigida, usa as palavras "imaginação dos pensamentos", no lugar da palavra "desígnio". Essa tradução traz luz e dá a devida compreensão da razão de Deus ter se arrependido de criar o Homem e ter tomado a decisão de enviar o dilúvio sobre a Terra.

Eles eram maus de coração, por isso não acreditavam no que Noé pregava. A sua maldade era tão grande e contínua que dominava completamente todos os seus pensamentos. Assim, por viverem concentrados em seus projetos pessoais e segundo suas próprias conveniências, aqueles homens não tinham espaço e nem mesmo um coração preparado para sequer cogitar que a mensagem de Noé ser verdadeira.

Precisamos tomar muito cuidado para não cairmos nessa mesma cilada do inimigo. Porque se fixarmos os nossos olhos em nossos desejos e projetos pessoais sem antes procuramos com diligência saber a vontade de Deus para cada situação, podemos confundir a voz de Deus com a nossa voz interior.

O juízo de Deus, o dilúvio, não veio sobre eles por causa de seus atos pecaminosos apenas, mas, antes, por causa dos intentos do coração. Deus viu que em seus corações a maldade e a iniquidade inerentes ao ser humano se multiplicava.

O mais desesperador é saber que a vinda de Jesus acontecerá num contexto semelhante. As pessoas estarão distraídas e muito ocupadas com as suas atividades rotineiras, empenhadas em desenvolver suas carreiras e relacionamentos, enquanto os religiosos estarão sobrecarregados com as suas obras. Todavia, a Palavra de Deus não passará. O céu e a Terra passarão com todas as suas ilusões, mas todas as palavras que Deus profetizou irão se cumprir cabalmente.

Precisamos remover das nossas vidas tudo o que nos impede de nos concentrarmos plenamente no amor de Deus. Amar ao Senhor acima de todas as coisas precisa ser o foco da nossa geração, do contrário, seremos enganados e confundidos, como foram aqueles homens.

O grande pecado daquela geração foi a incredulidade. Eles desconsideraram as palavras de Deus e amaram o presente século mais do que a vontade do Criador. Inflamaram-se em sua própria cobiça e desprezaram o Todo Poderoso! Acreditaram em seus próprios conhecimentos, apostaram em suas conquistas, reivindicaram sua suposta liberdade, apegaram-se em suas próprias escolhas. Infelizmente aqueles homens eram perversos, pois negaram o próprio Deus e decidiram viver da sua própria maneira.

O primeiro grande princípio para quem quer vencer o coração incrédulo é a obediência total aos planos de Deus! Veja o que o Jesus falou a um de seus discípulos sobre a necessidade de uma entrega radical:

> A outro disse Jesus: Segue-me! Ele, porém, respondeu: Permite-me ir primeiro sepultar meu pai. Mas Jesus insistiu: Deixa aos mortos o sepultar os seus próprios mortos. Tu, porém, vai e prega o reino de Deus. Outro lhe disse: Seguir-te-ei, Senhor; mas deixa-me primeiro despedir-me dos de casa. Mas Jesus lhe replicou: Ninguém que, tendo posto a mão no arado, olha para trás é apto para o reino de Deus. (Lucas 9.59-62)

A nossa obediência aumenta à medida que decidimos fazer o que a Palavra nos ordena. Sem a obediência não restará possibilidades para vencermos o nosso inimigo. Jesus venceu o Diabo apegando-se na Palavra, e não dando ouvidos às mentiras do inimigo. Assim obteve a vitória completa, mesmo sendo homem. Quando obedecemos aos preceitos de Deus em nossas vidas, adquirimos autoridade espiritual pelo sangue de Jesus derramado na cruz.

O segundo princípio para andarmos em vitória é viver por fé. Ser incrédulo é não ter fé. É ser carnal, fraco e pobre de espírito. Não poderemos resistir ao Diabo se não tivermos fé em Deus. A nossa luta não é contra a carne ou sangue, mas contra principados e potestades (Efésios 6.12).

Quando Noé disse que um dilúvio estava por vir, aqueles homens zombaram dele. Provavelmente Noé se tornou motivo de piadas nas ruas e praças da cidade. Mas ele era um homem de fé, por isso Deus se agradou dele (Gênesis 6.8). A Bíblia nos garante que:

> De fato, sem fé é impossível agradar a Deus, porquanto é necessário que aquele que se aproxima de Deus creia que ele existe e que se torna galardoador dos que o buscam. Pela fé, Noé, divinamente instruído acerca de acontecimentos que ainda não se viam e sendo temente a Deus, aparelhou uma arca para a salvação de sua casa; pela qual condenou o mundo e se tornou herdeiro da justiça que vem da fé. (Hebreus 11.6-7)

Noé se tornou herdeiro da justiça mediante a fé e, por acreditar nas palavras de Deus, ele salvou toda a sua descendência.

O terceiro princípio para vencer o coração incrédulo é: andar no Espírito.

> Digo, porém: andai no Espírito e jamais satisfareis à concupiscência da carne. Porque a carne milita contra o Espírito, e o Espírito, contra a carne, porque são opostos entre si; para que não façais o que, porventura, seja do vosso querer. (Gálatas 5.16-17)

Se quisermos vencer o coração mundano e incrédulo que resiste à vontade de Deus, precisamos desenvolver e cultivar uma conexão de coração com o Espírito Santo. Estar conectado com o Espírito é estar atento ao que Ele está falando para a Igreja nestes dias.

> Então, o reino dos céus será semelhante a dez virgens que, tomando as suas lâmpadas, saíram a encontrar-se com o noivo. Cinco dentre elas eram néscias, e cinco, prudentes. As néscias, ao tomarem as suas lâmpadas, não levaram azeite consigo; no entanto, as prudentes, além das lâmpadas, levaram azeite nas vasilhas. E, tardando o noivo, foram todas tomadas de sono e adormeceram. Mas, à meia-noite, ouviu-se um grito: Eis o noivo! Saí ao seu encontro! Então, se levantaram todas aquelas virgens e prepararam as suas lâmpadas. E as néscias disseram às prudentes: Dai-nos do vosso azeite, porque as nossas lâmpadas estão-se apagando. Mas as prudentes responderam: Não, para que não nos falte a nós e a vós outras! Ide, antes, aos que o vendem e comprai-o. E, saindo elas para comprar, chegou o noivo, e as que estavam apercebidas entraram com ele para as bodas; e fechou-se a porta. Mais tarde, chegaram as virgens néscias, clamando: Senhor, senhor, abre-nos a porta! Mas ele respondeu: Em verdade vos digo que não vos conheço. Vigiai, pois, porque não sabeis o dia nem a hora. (Mateus 25.1-13)

As Escrituras contam a respeito da parábola das dez virgens, que representam todos os crentes em Deus. A lâmpada fala do ministério que traz a luz de Deus para os povos das nações. O noivo é Jesus, o filho de Deus revelado para a noiva, a Igreja. O óleo é a ilustração da presença do Espírito Santo que necessitamos cultivar diariamente. Quando gastamos tempo com o Espírito Santo em meditação da Palavra, adoração, oração e jejuns, recebemos em nossos corações a fé que precisamos para avançarmos e nos aprofundarmos em intimidade e revelação em Deus.

Pense nisso

> E não vos conformeis com este mundo, mas transformai-vos pela renovação do vosso entendimento, para que experimenteis qual seja a boa, agradável e perfeita vontade de Deus. (Romanos 12.2)

As crenças individuais são formadas a partir da percepção interna e externa de tudo o que nos rodeia. São elas que formarão as atitudes positivas ou negativas em relação a algum objeto ou comportamento em nossas vidas. A família, então, como o primeiro contato social da criança, estará na base da formação de suas crenças. Elas se organizarão em um sistema psicológico e, não necessariamente lógico, que formarão o "sistema de crenças individual" de cada sujeito.

Por isso, todos nós precisamos renovar as nossas mentes através da Palavra. Devido ao sistema de crenças que adquirimos com a nossa criação, muitos de nós desenvolvemos hábitos contrários à Palavra de Deus. Precisamos regar diariamente a nossa alma com a verdade que recebemos em nosso espírito, porque apenas assim poderemos experimentar a boa, agradável e perfeita vontade de Deus em nossas vidas.

Dessa forma, à medida que nos expomos a essas verdades, somos santificados e transformados por Sua palavra. Jamais teremos os valores de Deus em nossos corações se não decidirmos desistir dos nossos conceitos para abraçar os conceitos de Deus.

4- O CORAÇÃO ENSINÁVEL

> Outra, enfim, caiu em boa terra e deu fruto: a cem, a sessenta e a trinta por um. (Mateus 13. 8)

> Mas o que foi semeado em boa terra é o que ouve a palavra e a compreende; este frutifica e produz a cem, a sessenta e a trinta por um. (Mateus 13.23)

O último coração diz respeito àquele que se inclina para ouvir a voz de Deus através da Palavra. Aqui, de novo, eu destaco a importância do lugar secreto. Uma pessoa que produz frutos é, antes de tudo, alguém que procura colocar como prioridade de sua vida o relacionamento com Deus.

Muitos acham que ouvir a Deus é uma tarefa difícil e reservada somente para pessoas "espirituais". Mas a verdade é que Deus fala com todos. Alguns dizem que a voz d'Ele é suave, outros que é como uma torrente de águas. Seja como for, ouvir a Deus é muito mais simples do que imaginamos. Pode ser que você nunca ouça a voz de Deus falando de maneira audível, mas você pode ouvi-lO falar de infinitas maneiras. Basta apenas dispor o coração.

Uma das experiências mais impressionantes e que se compara à experiência de investir tempo com Deus é quando nos tornamos pais. Como sabemos que é o nosso filho chorando em meio a várias crianças? É porque gastamos tempo com ele, e, por esse motivo, conhecemos muito bem aquela sua voz. Assim é com Deus também. Quando gastamos tempo com Ele, conhecemos o Seu mínimo movimento em nosso favor. Isso não significa que não vamos mais trabalhar, estudar, mas que vamos priorizá-lO em tudo que fizermos, contando para Ele sobre as nossas alegrias, ansiedades, tristezas, frustrações, projetos e anseios.

Escolha um horário certo para estar com Deus, isso criará uma disciplina espiritual que o levará a desfrutar melhor desses momentos maravilhosos. Vale à pena lembrar que nos primeiros dias poderá ser um pouco difícil concentrar, lembrar e até mesmo encontrar prazer, mas se mantenha firme no horário, assim, aos poucos, o seu corpo se acostumará e a sua alma pedirá por esses momentos. Para algumas pessoas, o horário melhor será pela manhã, mas para outros não.

Entretanto, a dica de ouro que deixo para você aqui é sobre buscar ouvir a voz de Deus através de Sua Palavra. Peça ao Espírito que o ajude a compreender o que você está lendo. No último capítulo, falo exclusivamente sobre o Espírito Santo. Ele o ajudará, guiará e o encorajará a crescer em intimidade com Deus. Não se culpe se em alguns dias a leitura não render, é assim mesmo, mas continue firme no propósito. O crescimento e a sensibilidade espiritual para ouvir a Deus vem com o tempo; ninguém nasce sabendo nada, aprendemos aos poucos, com esforço e vontade. Passe tempo escutando a Deus, passe tempo com Ele e verá como sua vida será mais produtiva. Você pode até ter mais lutas, porém as vitórias também virão.

Falando com Deus

> Santifica-os na verdade; a tua palavra é a verdade. (João 17.17)

Gaste um tempo para ouvir a voz de Deus através da leitura da Palavra. No final deste livro, temos algumas orações baseadas na Palavra de Deus que o ajudarão nesse processo.

Dinâmica

- 1. Compre um diário ou procure um aplicativo no qual você possa registrar as porções das palavras que o Senhor marcar no seu coração, e ore a respeito dessas verdades.

- 2. Pesquise diversas versões da Bíblia e procure compará--las e buscar o significado dos textos em dicionários, a fim de que você tenha uma compreensão maior.

- 3. Tente colocar em prática cada ensinamento que você receber da parte de Deus.

QUEM SOU EU?

CAPÍTULO 9

Estamos chegando ao término deste livro. Espero que você tenha aproveitado ao máximo. O meu objetivo é ajudá-lo a se tornar um filho maduro de Deus.

Deixei um espaço no título deste capítulo para você completar. Pense em tudo o que você leu, somado ao que Deus lhe falou nos momentos de orações e dinâmicas e complete o espaço em branco com aquilo que o Espírito Santo lhe dirigir para escrever.

Até aqui vimos seis princípios bíblicos para a formação de uma identidade em Deus. A verdade é que a Igreja está passando por uma crise de identidade, por isso precisamos assumir nossos erros e nos arrepender diante de Deus, a fim de que Ele comece algo novo em nós e através de nós. Creio que o maior mover do Espírito Santo está reservado para os dias atuais. Sei que veremos o maior movimento de um avivamento sustentável, onde a nossa geração será despertada, manifestando a cultura do Reino de Deus, que virá trazendo transformação em todas as esferas da sociedade.

Há algum tempo, falávamos muito sobre gerações andando alinhadas ao propósito de Deus, e isso já está acontecendo em muitos lugares do mundo. Estamos vivendo a consumação dos tempos, não podemos mais ficar presos em nossas próprias emoções, pois Jesus está voltando.

Vamos recapitular algumas verdades que vimos até aqui:

• Fora de contexto – Discutimos sobre a importância das diferenças.

• Quem eu não sou? – Tratamos sobre a importância de assumirmos quem não somos para compreendermos quem somos.

• Feliz com a porção que Deus preparou para mim – Falamos sobre a necessidade de buscarmos uma motivação interna correta em Deus para exercer o nosso chamado.

• Chamados para sermos integrais – Abordamos sobre o princípio da nossa entrega total a Deus.

• A revelação para vencer as nossas fraquezas – Falamos da busca por uma revelação pessoal de Deus para cada área da nossa vida.

• Saindo de cena – Tratamos do louvor e da glória pertencerem somente a Deus.

- Gerados no lugar secreto – Consideramos a cerca da importância de cultivarmos uma vida, no secreto, de intimidade com Deus.

- Inteiros de coração – Discorremos sobre a importância de adquirirmos um coração que alegra a Deus.

Alinhados com Deus

Agora que você está alinhado com a mente e o coração de Deus e sabe quem você é e o que foi chamado para fazer, vamos concluir esta obra trazendo algumas ferramentas extras para o seu crescimento espiritual.

> ... aboliu, na sua carne, a lei dos mandamentos na forma de ordenanças, para que dos dois criasse, em si mesmo, um novo homem, fazendo a paz, e reconciliasse ambos em um só corpo com Deus, por intermédio da cruz, destruindo por ela a inimizade. (Efésios 2.15-16)

Através da obra de reconciliação realizada por Cristo na cruz, toda separação entre o Homem e Deus foi eliminada. A igreja primitiva tinha dificuldade em entender essa condição. Quando os gentios começaram a ser salvos dentro dos mesmos termos que os judeus, os conflitos surgiram na igreja do primeiro século. Hábitos alimentares, maneiras de se vestir, entre outras inúmeras coisas começaram a se instalar como uma grande barreira entre os judeus e os gentios. Mas em Cristo, essa barreira foi derrubada. Jesus pagou um alto preço com seu sangue para acabar de uma vez por todas com a questão da inimizade. Hoje, o mesmo Senhor dos judeus é o nosso Senhor. Judeus e gentios foram unidos em Jesus Cristo. Essa união representa a Igreja de Cristo, ou seja, o corpo d'Ele espalhado por toda Terra.

Você faz parte desse propósito, por isso alinhe-se com Deus e desfrute da vida extraordinária que Ele tem para você.

O maior sinal do crescimento espiritual na vida de um cristão é o quanto a vida dele aponta para Deus. Quanto mais exigimos reconhecimento das pessoas, mais mostramos o quanto ainda somos atraídos pelas nossas ambições.

Outra questão que tem impedido o crescimento de muitas pessoas é a ofensa. Sentir-se ofendido é um sinal que não pode ser ignorado, mas tratado se quisermos crescer para alcançar o que Deus tem para as nossas vidas. Só nos sentimos ofendidos quando achamos que fomos prejudicados em alguma coisa. Porém, quanto menos nos sentirmos ofendidos, mais demonstraremos o quão mortos com Cristo estamos e cheios de Deus nós somos; isso sim é estar crucificado com Cristo.

Agora que você é livre para frutificar como um filho maduro de Deus, vou deixar uma breve explicação sobre o Espírito Santo para que seu crescimento seja ainda maior.

Jesus usou os últimos momentos de sua vida (João 14 a 16) para falar sobre a transferência da sua liderança, que ocorreria por consequência da sua morte, para a liderança do

Espírito Santo sobre a vida dos discípulos. Por isso, antes de terminar este capítulo, quero ressaltar a magnífica pessoa do Espírito Santo.

Ele é o grande conselheiro e companheiro em cada momento de nossas vidas. Não sei quanto tempo durou aquela conversa de Jesus com os seus discípulos, mas sabemos que Jesus começa a ensinar sobre a importância de eles serem guiados em cada detalhe pelo Espírito.

Tendemos a não investir tempo de qualidade para encontrá-lO, para falar com Ele como amigo. Porém, precisamos nos alimentar dessa fonte para que a vida de Deus gere vida em nós. Assim, alcançaremos a fonte verdadeira de poder, felicidade, alegria, bondade, paz, força e amor. O Espírito Santo é a verdadeira fonte de vida, foi Ele quem a formou.

Uma vida cheia de poder é reflexo de quem é transformado por Deus, que dá testemunho como verdadeiro cristão. O derramamento de poder acontece para que o cristão ande no Espírito e faça morrer a sua carne.

> E, tendo eles orado, moveu-se o lugar em que estavam reunidos; e todos foram cheios do Espírito Santo e anunciavam com ousadia a palavra de Deus. (Atos 4.1)

Há crentes nas igrejas que pulam, gritam, rodam, falam em línguas estranhas e, no entanto, não mudam o seu estilo de vida. Esse não é o revestimento de poder declarado por Jesus. A Bíblia diz:

> Mas recebereis a virtude do Espírito Santo, que há de vir sobre vós; e ser-me-eis testemunhas tanto em Jerusalém como em toda Judeia e Samaria e até aos confins da terra. (Atos 1.8)

O derramamento do poder tem um propósito bem definido e claro nas Escrituras: sermos testemunhas eficazes de Deus aqui na Terra. No entanto, o que temos visto contradiz completamente com o que a Bíblia nos mostra.

Até quando vamos ser meninos na fé? Meninos são guiados apenas pelas emoções. Você tem uma identidade eterna, foi chamado para ser um filho maduro. Paulo diz:

> Quando eu era menino, falava como menino, sentia como menino, discorria como menino, mas, logo que cheguei a ser homem, acabei com as coisas de menino. (1 Coríntios 13.11)

Não é errado expressarmos com gestos e palavras a liberdade que temos no Espírito, desde que sejamos maduros.

Fomos criados por Ele e para Ele existimos. Sem a presença d'Ele em nós, a vida perde o sentido e o propósito. Recebemos poder por meio do Espírito Santo, é Ele que convence o homem do pecado, do juízo e da justiça, que nos conduz à salvação, que faz morada dentro de nós, que nos orienta todos os dias no caminho da verdade.

O Espírito Santo é o nosso melhor amigo e podemos confiar as nossas vidas em suas mãos. Sempre que você sentir refrigério, força para continuar lutando contra o pecado e permanecer firme nas tribulações, não se esqueça de que é o Espírito Santo que intercedeu por você com gemidos inexprimíveis.

Ele é muito mais que a pomba branca que apareceu no batismo de Jesus, é mais que o vento, que o fogo e a nuvem que guiou o povo de Israel no deserto. Ele é a voz divina para nós. Ele se manifesta com essas características sim, mas é muito mais do que tudo isso. Ele é o Deus Onipotente, Onipresente e Onisciente.

Uma pessoa que ama o Espírito e se relaciona com Ele todos os dias tem a sua vida tremendamente transformada e o caráter modelado segundo o padrão santo de Deus. O rei Davi cultivou ao longo dos anos um relacionamento vivo e crescente com o Espírito, por isso foi chamado de "um homem segundo o coração de Deus". No seu reinado, o mais importante para ele não era a coroa e muito menos a riqueza, mas, sim, a vívida presença do Espírito Santo de Deus.

Por fim, se essa também é a sua vontade, ser uma pessoa segundo o coração de Deus como foi Davi, busque pela presença do Espírito Santo. Se deseja ser uma pessoa madura espiritualmente, que realiza grandes coisas por amor ao Pai, você precisa conhecer, entender e passar tempo com Ele.

O desejo do meu coração ao findar este livro é que você tenha aprendido como se tornar mais forte em Deus e descoberto o seu propósito aqui na Terra. Se foi difícil assimilar tudo que aqui foi dito, fique com algo: Nunca se esqueça de quem você é e quem é o Seu Pai. Você é um filho de Deus, ele te ama e te chama para um relacionamento mais íntimo com Ele. Hoje, nesta hora, neste exato momento, não perca tempo, vá correndo para os braços do Pai.

Apêndice 1

Sete passos para uma vida entregue a Deus em todas as áreas, em todo o tempo, em qualquer situação:

- Orar em todo o tempo: conectar-se com Deus para mudar o mundo através da liberação do Seu poder.

- Jejum como estilo de vida: posicionar-se para receber mais de Deus, jejuando toda semana.

- Atos de justiça: zeloso de boas obras de compaixão e misericórdia, que exaltam Jesus, com impacto em todas as esferas da sociedade.

- Dar com extravagância: experimentar a alegria do poder financeiro, que se encontra em dar sacrificialmente para o Reino.

- Viver em santidade: viver fascinado pelo prazer de amar a Deus e transbordar em amor para com as pessoas.

• Liderança: ter iniciativa para ministrar aos outros e fazer discípulos regularmente, liderando em evangelismos, reuniões de oração e estudos bíblicos e curando os enfermos.

• Pregar a Palavra: ser uma testemunha fiel da verdade, com fidelidade à Palavra de Jesus.

Apêndice 2

Sete orações devocionais para o aperfeiçoamento de uma vida pessoal piedosa:

> Pedi, e dar-se-vos-á; buscai e achareis; batei, e abrir-se-vos-á. Pois todo o que pede recebe; o que busca encontra; e, a quem bate, abrir-se-lhe-á. (Mateus 7.7-8)

• Peça pelo espírito de temor com o aperfeiçoamento em santidade: Salmos 65.4; 86.11; Provérbios 2.3-5.

• Peça sabedoria e revelação: Salmos 43.3-4; 90.12; Colossense 1:9-10; Efésios 1.17-19; Tiago 1.5.

• Peça por domínio próprio, refreando a língua e o homem interior: Salmos 39.1; 141.3; Tiago 3. 2; Efésios 4.29, 5.4; Salmos 131.2.

- Peça a manifestação do amor e da humildade: Filipenses 1.9; 1 Tessalonicenses 3.12.

- Peça pelo espírito de poder e unção para servir: Atos 1.8, Lucas 24.49; 1 Coríntios 1.7; 12.31, 14.1-12; 1 Tessalonicenses 1.5; 2 Tessalonicenses 1.11.

- Peça por espírito de ousadia: Atos 4.29-31; Efésios 6.19; Colossenses 1.24.

Apêndice 3

Como cidadão do Reino dos Céus, procure descobrir em qual esfera de influência da sociedade Deus o chamou para manifestar o seu Reino.

> "O Reino de Deus não é uma religião, mas uma estrutura de autoridade. Ele é um país com um governo, e vivemos em um posto avançado dele, uma colônia." (Myles Munrroe)

> Nos últimos dias, acontecerá que o monte da Casa do SENHOR será estabelecido no cimo dos montes e se elevará sobre os outeiros, e para ele afluirão todos os povos. Irão muitas nações e dirão: Vinde, e subamos ao monte do SENHOR e à casa do Deus de Jacó, para que nos ensine os seus caminhos, e andemos pelas suas veredas; porque de Sião sairá a lei, e a palavra do SENHOR, de Jerusalém. Ele julgará entre os

> povos e corrigirá muitas nações; estas converterão as suas espadas em relhas de arados e suas lanças, em podadeiras; uma nação não levantará a espada contra outra nação, nem aprenderão mais a guerra. Vinde, ó casa de Jacó, e andemos na luz do SENHOR. (Isaías 2.2-5)

Se você ganhasse hoje um milhão de dólares, deixaria o que está fazendo para fazer outra coisa? Se a sua resposta é sim, é um sinal de que você não está abraçando o seu chamado, pois uma pessoa que está cumprindo a sua missão de vida não a deixa por coisas materiais.

Este texto que acabamos de ler fala sobre as sete esferas da sociedade em que Deus nos chamou para exercer o nosso chamado trazendo impacto, transformação e influência do céu sobre a Terra.

O problema é que quando nos referimos à palavra "chamado", tendemos a pensar de uma maneira muito pequena e religiosa. Geralmente atribuímos o chamado de Deus de tempo integral somente para pessoas que querem servir dentro da igreja – a esfera da religião – , como um pastor, missionário, líder de louvor, ou algo parecido. Mas a verdade é que uma porcentagem muito baixa terá o chamado tradicional da forma que conhecemos dentro do ministério. Ou seja, a maioria das pessoas possuem o seu chamado nas seis outras esferas da sociedade. Quando falamos em "largar tudo para se dedicar a Deus", a ideia predominante ainda é fazer alguma coisa em tempo integral dentro da igreja. Mas a maioria das pessoas é chamada para fora da igreja, para servir a Deus integralmente nas outras esferas da sociedade. Tome cuidado para não edificar toda a sua vida sobre uma falsa ideia, que, com o passar do tempo, poderá se tornar uma teoria, depois uma doutrina, em seguida um sistema de crendices e, por fim, um estilo de vida sobre uma mentira. Peça a Deus que o liberte de ideologias que você pode estar carregando por anos e que tem atrapalhado você a vislumbrar com amplitude e clareza do seu chamado de vida.

As sete esferas de influência da sociedade no mundo:

- Família
- Educação
- Governo
- Religião
- Mídia
- Entretenimento
- Finanças

Qual é a área de influência na qual Deus quer usar você? À medida que nos tornamos imitadores de Cristo em nossas esferas de influência na sociedade, trazemos o Reino de Deus sobre a Terra. Lembre-se, a mensagem de Jesus é pessoal. Qualquer pessoa que O invoca como Senhor e Salvador se torna um cidadão celestial na Terra.

Apêndice 4

Voto Sagrado

Eu, _____, declaro que como filho de Deus, nascido da água e do Espírito para manifestar a Glória de Deus em todas as esferas da vida, a partir de hoje, vou me lançar para viver o sobrenatural de Deus. Decido, a partir de hoje, viver os sete passos citados acima, a fim de que a minha vida resplandeça a vida de Jesus, onde quer que eu esteja. Eu decido deixar tudo que não pertence a mim para viver em completa obediência ao chamado do meu Pai Celestial. No nome de Jesus, vou expulsar demônios, falar novas línguas e nenhum mal terá domínio sobre a minha vida. Colocarei as minhas mãos nos enfermos e, pelo nome de Jesus, eles serão curados. Serei fiel a Jesus Cristo com todo o meu ser e anunciarei a Sua salvação.

Assinatura: _____

Então, lhes falou Jesus: Em verdade, em verdade vos digo que o Filho nada pode fazer de si mesmo, senão somente aquilo que vir fazer o Pai; porque tudo o que este fizer, o Filho também semelhantemente o faz. Porque o Pai ama ao Filho, e lhe mostra tudo o que faz, e maiores obras do que estas lhe mostrará, para que vos maravilheis. Pois assim como o Pai ressuscita e vivifica os mortos, assim também o Filho vivifica aqueles a quem quer. E o Pai a ninguém julga, mas ao Filho confiou todo julgamento, a fim de que todos honrem o Filho do modo por que honram o Pai. Quem não honra o Filho não honra o Pai que o enviou. Em verdade, em verdade vos digo: quem ouve a minha palavra e crê naquele que me enviou tem a vida eterna, não entra em juízo, mas passou da morte para a vida. Em verdade, em verdade vos digo que vem a hora e já chegou, em que os mortos ouvirão a voz do Filho de Deus; e os que a ouvirem viverão. (João 5.19-25)